市地执行中央党内法规责任要点

云南省玉溪市党内法规研学中心◎编著

中国法制出版社
CHINA LEGAL PUBLISHING HOUSE

前言

Preface

重视制度治党、依规治党，是我们党的宝贵经验。建设中国特色社会主义法治体系，需要完善的党内法规体系，这既是习近平法治思想的重要内容，也是加强党的建设的实践要求。加强党内法规制度建设，关键在于切实增强学党内法规、遵党内法规、用党内法规的自觉性，深入学习习近平总书记关于制度治党、依规治党重要论述，持续抓好党内法规的贯彻落实。

中共玉溪市委高度重视党内法规实施和落实工作，于 2020 年 8 月成立了云南省第一家州市级党内法规研学中心，重点围绕党内法规贯彻实施开展理论研究和实践探索，组织开展党内法规贯彻实施的相关培训。玉溪市党内法规研学中心对现行有效且公开发布的中央党内法规进行系统梳理，编写出版学习落实党内法规的工具书《市地执行中央党内法规责任要点》。此书旨在为党员领导干部提供学习党内法规的参考工具书，对于党员领导干部从执行主体视角方面学习理解党内法规有所助益，为党组织和党员、干部抓好党内法规制度执行和落实提供便利。

为推进各级党组织和广大党员、干部学党内法规、遵党内法规、用党内法规，我们将《市地执行中央党内法规责任要点》明确执行的中央党内法规按照执行主体类别分为八个方面：一是依照《中国共产党章程》规定的党的地方组织、党的基层组织、党的纪律检查机关、党组等各级各类党组织和全体党员普遍执行的中央党内法规；二是依照《中国共产党章程》《中国共产党地方委员会工作条例》规定的地方党委执行的中央党内法规；三是依照《中国共产党章程》《中国共产党工作机关条例（试行）》规定的党的工作机关执行的中央党内法规；四是依照《中国共产党章程》《中国共产党党组工作条例》规定的党组和党组性质的党委执行的中央党内法规；五是依照《中国共产党章程》规定的党的基层组织执行的中央党内法规；六是依照《中国共产党章程》规定的党的纪律检查机关执行的中央党内法规；七是依照《中国共产党党内法规制定条例》规定的党政机关执行的中央党内法规；八是依照《中国共产党章程》规定的领导干部执行的中央党内法规。在明晰中央党内法规八类执行主体的基础上，我们将《市地执行中央党内法规责任要点》框架设为八个板块，每一板块的目录按照党内法规的位阶层次、类别、印发时间综合排列，其中，各级党组织和全体党员普遍执行的中央党内法规是各级党组织和全体党员都要执行的，该板块目录与其他板块法规目录不交叉，其他板块有的法规可能涉及多个执行主体，故编排法规目录可能会有交叉。每一板块涉及的党内法规按照“谁执行、执行什么以及不执行或执行不到位要承担什么责任”这一逻辑思路进行执行责任要点的梳理，编写成《市地执行中央党内法规责任要点》。

《市地执行中央党内法规责任要点》首次分类别分层级明晰了市地域党组织和领导干部执行的中央党内法规的主体责任，具有理论创新和实践创新特色，这对于提高广大党员、干部的党规意识，增强党内法规的执行力，具有重要的促进作用，是深化党内法规执行机制的探索和创新，是学习贯彻习近平总书记关于制度治党、依规治党重要论述，坚定不移全面从严治党的生动实践。

云南省玉溪市党内法规研学中心

2021 年 5 月

目录

Contents

各级党组织和全体党员普遍执行的中央党内法规[①]

---

① 各级党组织和全体党员普遍执行的中央党内法规是指依照《中国共产党章程》规定的党的地方组织、党的基层组织、党的纪律检查机关、党组等各级各类党组织、党员普遍执行的中央党内法规。本板块法规是各级党组织和全体党员都要执行的，故与其他板块法规目录不交叉；其他板块有的法规可能涉及多个执行主体，故编排法规目录可能会有交叉。

地方党委执行的中央党内法规[①]

① 地方党委执行的中央党内法规是指依照《中国共产党章程》《中国共产党地方委员会工作条例》规定的地方党委执行的中央党内法规。

党的工作机关执行的中央党内法规[①]

① 党的工作机关执行的中央党内法规是指依照《中国共产党章程》《中国共产党工作机关条例（试行）》规定的党的工作机关执行的中央党内法规。

党组（党委）执行的中央党内法规[①]

---

① 党组（党委）执行的中央党内法规是指依照《中国共产党章程》《中国共产党党组工作条例》规定的党组和党组性质的党委执行的中央党内法规。

党的基层组织执行的中央党内法规[①]

① 党的基层组织执行的中央党内法规是指依照《中国共产党章程》规定的党的基层组织执行的中央党内法规。

党的纪律检查机关执行的中央党内法规[①]

---

① 党的纪律检查机关执行的中央党内法规是指依照《中国共产党章程》规定的党的纪律检查机关执行的中央党内法规。

党政机关执行的中央党内法规[①]

① 党政机关执行的中央党内法规是指依照《中国共产党党内法规制定条例》规定的党政机关执行的中央党内法规。

① 领导干部执行的中央党内法规是指依照《中国共产党章程》规定的领导干部执行的中央党内法规。

各级党组织和全体党员普遍执行的中央党内法规

1.《中国共产党章程》

《中国共产党章程》是党的根本大法，是全党必须遵循的总章程、总规矩。全面从严治党首先要尊崇党章。2017 年 10 月 24 日，中国共产党第十九次全国代表大会通过的《中国共产党章程（修正案）》，充分体现了党的十八大以来以习近平同志为核心的党中央提出的一系列重大战略思想，充分体现了新时代党的工作和党的建设的新鲜经验，适应了新形势新任务对党的工作和党的建设提出的新要求。

十九大党章包括总纲和条文两大部分。总纲部分集中规定和阐述了党的性质和宗旨、党的指导思想、党的奋斗目标和历史任务、党在社会主义初级阶段的基本路线和中国特色社会主义事业的基本方针、党的建设的目标任务和基本要求等若干重大问题。条文部分共 11 章 55 条，分述了党员、党的组织制度、党的中央组织、党的地方组织、党的基层组织、党的干部、党的纪律、党的纪律检查机关、党组、党和共青团的关系、党徽党旗。

在总纲部分，**一是明确规定了党的性质和宗旨**。中国共产党是中国工人阶级的先锋队，同时是中国人民和中华民族的先锋队，是中国特色社会主义事业的领导核心，代表中国先进生产力的发展要求，代表中国先进文化的前进方向，代表中国最广大人民的根本利益，党的最高理想和最终目标是实现共产主义。中国共产党的宗旨是全心全意为人民服务。党除了工人阶级和最广大人民群众的利益，没有自己特殊的利益。**二是明确规定了党的指导思想**。中国共产党以马克思列宁主义、毛泽东思想、邓小平理论、“三个代表”重要思想、科学发展观、习近平新时代中国特色社会主义思想作为自己的行动指南。**三是明确规定了党的奋斗目标和历史任务**。全党同志要长期坚持和不断发展党历经艰辛开创的这条道路、这个理论体系、这个制度、这个文化，高举中国特色社会主义伟大旗帜，坚定道路自信、理论自信、制度自信、文化自信，贯彻党的基本理论、基本路线、基本方略，为实现推进现代化建设、完成祖国统一、维护世界和平与促进共同发展这三大历史任务，实现“两个一百年”奋斗目标、实现中华民族伟大复兴的中国梦而奋斗。在新世纪新时代，经济和社会发展的战略目标是，到建党一百年时，全面建成小康社会；到新中国成立一百年时，全面建成社会主义现代化强国。**四是明确规定了党在社会主义初级阶段的基本路线。**中国共产党在社会主义初级阶段的基本路线是：领导和团结全国各族人民，以经济建设为中心，坚持四项基本原则，坚持改革开放，自力更生，艰苦创业，为把我国建设成为富强民主文明和谐美丽的社会主义现代化强国而奋斗。**五是明确规定了中国特色社会主义事业的基本方针。**中国共产党在领导社会主义事业中，必须坚持以经济建设为中心，其他各项工作都服从和服务于这个中心。要实施科教兴国战略、人才强国战略、创新驱动发展战略、乡村振兴战略、区域协调发展战略、可持续发展战略、军民融合发展战略，充分发挥科学技术作为第一生产力的作用，充分发挥创新作为引领发展第一动力的作用，依靠科技进步，提高劳动者素质，促进国民经济更高质量、更有效率、更加公平、更可持续发展。**六是明确规定了党的建设的目标任务和基本要求。**中国共产党要领导全国各族人民实现“两个一百年”奋斗目标、实现中华民族伟大复兴的中国梦，必须紧密围绕党的基本路线，坚持党要管党、全面从严治党，加强党的长期执政能力建设、先进性和纯洁性建设，以改革创新精神全面推进党的建设新的伟大工程，以党的政治建设为统领，全面推进党的政治建设、思想建设、组织建设、作风建设、纪律建设，把制度建设贯穿其中，深入推进反腐败斗争，全面提高党的建设科学化水平。牢固树立政治意识、大局意识、核心意识、看齐意识，坚定维护以习近平同志为核心的党中央权威和集中统一领导，保证全党团结统一和行动一致，保证党的决定得到迅速有效地贯彻执行。坚持立党为公、执政为民，发扬党的优良传统和作风，不断提高党的领导水平和执政水平，提高拒腐防变和抵御风险的能力，不断增强自我净化、自我完善、自我革新、自我提高能力，不断增强党的阶级基础和扩大党的群众基础，不断提高党的创造力、凝聚力、战斗力，建设学习型、服务型、创新型的马克思主义执政党，使我们党始终走在时代前列，成为领导全国人民沿着中国特色社会主义道路不断前进的坚强核心。

在条文部分，**一是对党员的入党条件、义务和权利、预备期等内容作出了明确规定。**年满十八岁的中国工人、农民、军人、知识分子和其他社会阶层的先进分子，承认党的纲领和章程，愿意参加党的一个组织并在其中积极工作、执行党的决议和按期交纳党费的，可以申请加入中国共产党；党员必须履行规定的义务，并按规定享有相应的权利；预备党员的义务同正式党员一样。预备党员的权利，除了没有表决权、选举权和被选举权以外，也同正式党员一样。**二是对党的组织制度作出了明确规定。**党是根据自己的纲领和章程，按照民主集中制组织起来的统一整体。党的民主集中制的基本原则包括“四个服从”等内容。**三是对党的中央组织作出了明确规定。**党的全国代表大会每五年举行一次，由中央委员会召集；党的中央委员会每届任期五年，全国代表大会如提前或延期举行，它的任期相应地改变；党的中央政治局、中央政治局常务委员会和中央委员会总书记，由中央委员会全体会议选举，中央委员会总书记必须从中央政治局常务委员会委员中产生。**四是对党的地方组织作出了明确规定。**党的省、自治区、直辖市的代表大会，设区的市和自治州的代表大会，县（旗）、自治县、不设区的市和市辖区的代表大会，每五年举行一次。党的地方各级代表大会由同级党的委员会召集。在特殊情况下，经上一级委员会批准，可以提前或延期举行。党的地方各级代表大会代表的名额和选举办法，由同级党的委员会决定，并报上一级党的委员会批准。**五是对党的基层组织作出了明确规定。**企业、农村、机关、学校、科研院所、街道社区、社会组织、人民解放军连队和其他基层单位，凡是有正式党员三人以上的，都应当成立党的基层组织。党的基层组织，根据工作需要和党员人数，经上级党组织批准，分别设立党的基层委员会、总支部委员会、支部委员会。基层委员会由党员大会或代表大会选举产生，总支部委员会和支部委员会由党员大会选举产生，提出委员候选人要广泛征求党员和群众的意见。**六是对党的干部作出了明确规定。**党的各级领导干部必须信念坚定、为民服务、勤政务实、敢于担当、清正廉洁，模范履行党员的各项义务，并且必须具备相应的条件。**七是对党的纪律作出了明确规定。**党的纪律主要包括政治纪律、组织纪律、廉洁纪律、群众纪律、工作纪律、生活纪律。对党员的纪律处分有五种：警告、严重警告、撤销党内职务、留党察看、开除党籍。党组织对党员作出处分决定，应当实事求是地查清事实。党组织如果在维护党的纪律方面失职，必须问责。**八是对党的纪律检查机关作出了明确规定。**党的各级纪律检查委员会是党内监督专责机关，主要任务是：维护党的章程和其他党内法规，检查党的路线、方针、政策和决议的执行情况，协助党的委员会推进全面从严治党、加强党风建设和组织协调反腐败工作。**九是对党组作出了明确规定。**在中央和地方国家机关、人民团体、经济组织、文化组织和其他非党组织的领导机关中，可以成立党组。党组发挥领导核心作用。**十是对党和共产主义青年团的关系作出了明确规定。**党的各级委员会要加强对共青团的领导，注意团的干部的选拔和培训。党要坚决支持共青团根据广大青年的特点和需要，生动活泼地、富于创造性地进行工作，充分发挥团的突击队作用和联系广大青年的桥梁作用。**十一是对党徽党旗作出了明确规定。**中国共产党党徽为镰刀和锤头组成的图案，中国共产党党旗为旗面缀有金黄色党徽图案的红旗。中国共产党的党徽党旗是中国共产党的象征和标志，党的各级组织和每一个党员都要维护党徽党旗的尊严，要按照规定制作和使用党徽党旗。

2.《关于新形势下党内政治生活的若干准则》

办好中国的事情，关键在党，关键在党要管党、从严治党。党要管党必须从党内政治生活管起，从严治党必须从党内政治生活严起。2016 年 10 月 27 日，中国共产党第十八届中央委员会第六次全体会议通过的《关于新形势下党内政治生活的若干准则》紧紧围绕全面从严治党这个主题，继承和发扬党的优良传统和宝贵经验，充分反映党的十八大以来党中央全面从严治党的新经验新成果，并结合新的实践提出一系列新观点新举措，为新形势下加强和规范党内政治生活提供了根本遵循，对于推进党的建设新的伟大工程，更好进行具有许多新的历史特点的伟大斗争、推进中国特色社会主义伟大事业，具有重大现实意义和深远历史意义。

《准则》分三大板块、12 个部分。第一板块是序言，属于总论。第二板块是分论，是主体部分。第三板块是结束语。主体部分分别围绕坚定理想信念、坚持党的基本路线、坚决维护党中央权威、严明党的政治纪律、保持党同人民群众的血肉联系、坚持民主集中制原则、发扬党内民主和保障党员权利、坚持正确选人用人导向、严格党的组织生活制度、开展批评和自我批评、加强对权力运行的制约和监督、保持清正廉洁的政治本色 12 个方面作出具体规定。**一是要坚定理想信念。**全党必须高度重视思想政治建设，把坚定理想信念作为开展党内政治生活的首要任务。全体党员必须永远保持建党时中国共产党人的奋斗精神，把理想信念的坚定性体现在做好本职工作的过程中，自觉为推进中国特色社会主义事业而苦干实干。**二是要坚持党的基本路线。**全党必须毫不动摇坚持以经济建设为中心，坚持四项基本原则，坚持改革开放，坚持把党的思想路线贯穿于执行党的基本路线全过程。全党必须坚决捍卫党的基本路线，对一切违背、歪曲、否定党的基本路线的言行，必须旗帜鲜明反对和抵制。**三是要坚决维护党中央权威。**全党必须自觉服从党中央领导，必须不折不扣执行党中央的决策部署。全党必须自觉防止和反对个人主义、分散主义、自由主义、本位主义。对党中央决策部署，任何党组织和任何党员都不准合意的执行、不合意的不执行，不准先斩后奏，更不准口是心非、阳奉阴违。**四是要严明党的政治纪律。**党的各级组织和全体党员必须对党忠诚老实，如实向党反映和报告情况。领导机关和领导干部不准以任何理由和名义纵容、唆使、暗示或强迫下级说假话。凡因弄虚作假、隐瞒实情给党和人民事业造成重大损失的，凡因弄虚作假、隐瞒实情骗取荣誉、地位、奖励或其他利益的，凡因纵容、唆使、暗示或强迫下级弄虚作假、隐瞒实情的，都要依纪依规严肃问责追责。对坚持原则、敢于说真话的同志，要给予支持、保护、鼓励。**五是要保持**

党同人民群众的血肉联系。全党必须牢固树立人民群众是历史创造者的历史唯物主义观点，站稳群众立场，增进群众感情。全党必须坚决反对形式主义、官僚主义、享乐主义和奢靡之风，领导干部特别是高级干部要以身作则。党的各级组织、全体党员特别是领导干部必须提高做群众工作的能力。**六是要坚持民主集中制原则。**各级党委（党组）必须坚持集体领导制度。领导班子成员必须增强全局观念和责任意识，不得违背集体决定自作主张、自行其是。党委（党组）主要负责同志必须发扬民主、善于集中、敢于担责。领导班子成员必须坚决执行党组织决定，如有不同意见，可以保留或向上一级党组织提出，但在上级或本级党组织改变决定以前，除执行决定会立即引起严重后果等紧急情况外，必须无条件执行已作出的决定。**七是要发扬党内民主和保障党员权利。**中央委员会、中央政治局、中央政治局常务委员会和党的各级委员会作出重大决策部署，必须深入开展调查研究，广泛听取各方面意见和建议，凝聚智慧和力量，做到科学决策、民主决策、依法决策。必须尊重党员主体地位、保障党员民主权利。党内选举必须体现选举人意志，规范和完善选举制度规则。**八是要坚持正确选人用人导向。**选拔任用干部必须坚持党章规定的干部条件，坚持德才兼备、以德为先，坚持五湖四海、任人唯贤，坚持信念坚定、为民服务、勤政务实、敢于担当、清正廉洁的好干部标准。选人用人必须强化党组织的领导和把关作用，落实干部选拔任用工作纪实制度，确保每个环节都规范操作，党的各级组织必须自觉防范和纠正用人上的不正之风和种种偏向。**九是要严格党的组织生活制度。**党的组织生活要坚持“三会一课”制度，坚持民主生活会和组织生活会制度，坚持谈心谈话制度，坚持对党员进行民主评议。领导干部必须强化组织观念，工作中重大问题和个人有关事项必须按规定按程序向组织请示报告，离开岗位或工作所在地要事先向组织请示报告，对无正当理由不按时报告、不如实报告或隐瞒不报的，要严肃处理。**十是要开展批评和自我批评。**批评和自我批评必须坚持“团结——批评——团结”，按照“照镜子、正衣冠、洗洗澡、治治病”的要求，严肃认真提意见，满腔热情帮同志，决不能把自我批评变成自我表扬、把相互批评变成相互吹捧。

十一是要加强对权力运行的制约和监督。党的各级组织和领导干部必须自觉按法定权限、规则、程序办事，决不能以言代法、以权压法、徇私枉法，决不能违规干预司法。对党组织和党员、干部行使权力进行监督，必须依纪依法进行。纪检监察、司法机关严格依纪依法按程序对涉嫌严重违纪违法行为进行调查。任何组织和个人不得自行决定或受指使对党员、干部采取非法调查手段。对违反规定的，要严肃追究纪律和法律责任。**十二是要保持清正廉洁的政治本色。**各级领导干部必须严以修身、严以用权、严以律己，谋事要实、创业要实、做人要实，经得起权力、金钱、美色考验，用党和人民赋予的权力为人民服务。全体党员、干部特别是高级干部必须坚决同消极腐败现象作斗争，党的各级组织要担负起反腐倡廉政治责任，坚持有腐必反、有贪必肃，坚持无禁区、全覆盖、零容忍。

3.《中国共产党廉洁自律准则》

执政党的党风关系党的生死存亡。坚决惩治和有效预防腐败，是党必须始终抓好的重大政治任务。2015 年 10 月，中共中央印发的《中国共产党廉洁自律准则》贯彻党的十八大和十八届三中、四中全会精神，坚持依规治党与以德治党相结合，紧扣廉洁自律主题，重申党的理想信念宗旨、优良传统作风，重在立德，是党执政以来第一部坚持正面倡导、面向全体党员的规范全党廉洁自律工作的重要基础性法规，是对党章规定的具体化，体现了全面从严治党实践成果，为党员和党员领导干部树立了一个看得见、够得着的高标准，展现了共产党人的高尚道德追求，对于深入推进党风廉政建设和反腐败斗争，加强党内监督，永葆党的先进性和纯洁性，具有十分重要的意义。

《准则》主要分为三个部分，共 8 条。第一部分是总体要求，第二部分、第三部分是主体，分别对党员和党员领导干部的廉洁自律作出了规范。**一是对全体党员和各级党员领导干部必须永葆先进性和纯洁性提出总体要求。**中国共产党全体党员和各级党员领导干部必须坚定共产主义理想和中国特色社会主义信念，必须坚持全心全意为人民服务根本宗旨，必须继承发扬党的优良传统和作风，必须自觉培养高尚道德情操，努力弘扬中华民族传统美德，廉洁自律，接受监督，永葆党的先进性和纯洁性。**二是对党员廉洁自律作出了规范。**党员必须坚持公私分明，先公后私，克己奉公，必须坚持崇廉拒腐，清白做人，干净做事，必须坚持尚俭戒奢，艰苦朴素，勤俭节约，必须坚持吃苦在前，享受在后，甘于奉献。**三是对党员领导干部廉洁自律作出了规范。**党员领导干部必须廉洁从政，自觉保持人民公仆本色，必须廉洁用权，自觉维护人民根本利益，必须廉洁修身，自觉提升思想道德境界，必须廉洁齐家，自觉带头树立良好家风。

4.《中国共产党支部工作条例（试行）》

党支部是党的基础组织，是党在社会基层组织中的战斗堡垒，是党的全部工作和战斗力的基础，担负直接教育党员、管理党员、监督党员和组织群众、宣传群众、凝聚群众、服务群众的职责。党的十八大以来，以习近平同志为核心的党中央高度重视党支部建设，要求把全面从严治党落实到每个支部、每名党员，推动全党形成大抓基层、大抓支部的良好态势，取得明显成效。当前，推进伟大斗争、伟大工程、伟大事业、伟大梦想，必须贯彻落实新时代党的组织路线，把党支部建设放在更加突出的位置，加强党支部标准化、规范化建设，不断提高党支部建设质量。2018 年 10 月 28 日，中共中央印发的《中国共产党支部工作条例（试行）》，对于加强党的组织体系建设，推动全面从严治党向基层延伸，全面提升党支部组织力，强化党支部政治功能，巩固党长期执政的组织基础，具有十分重要的意义。

《条例》共 8 章 37 条，分别从组织设置、基本任务、工作机制、组织生活、党支部委员会建设、领导和保障等方面作出规定。**一是明确了组织设置的条件。**党支部设置一般要以单位、区域为主，以单独组建为主要方式。各基层单位，凡是有正式党员 3 人以上的，都应当成立党支部。党支部党员人数一般不超过 50 人，正式党员不足 3 人的单位，可以成立联合党支部，联合党支部覆盖单位一般不超过 5 个。**二是明确了党支部的基本任务。**党支部要宣传和贯彻落实党的理论和路线方针政策，宣传和执行党中央、上级党组织及本党支部的决议，讨论决定或者参与决定本地区本部门本单位重要事项，组织党员学习等。其中，对党员进行教育、管理、监督和服务，要突出政治教育，提高党员素质。**三是健全了工作机制。**党支部党员大会一般每季度召开 1 次，会议须有半数以上委员到会方可进行。党支部党员大会要依规行使听取和审查党支部委员会的工作报告、讨论和表决接收预备党员和预备党员转正延长预备期或者取消预备党员资格、讨论决定对党员的表彰表扬和纪律处分等职权。**四是对组织生活作出了明确要求。**党支部应当严格执行党的组织生活制度，经常、认真、严肃地开展批评和自我批评。**五是加强了党支部委员会建设。**有正式党员 7 人以上的党支部，应当设立党支部委员会。党支部委员会由 3 至 5 人组成，一般不超过 7 人。党支部书记一般应当具有 1 年以上党龄，党支部书记每年应当至少参加 1 次县级以上党组织举办的集中轮训。对不适宜担任党支部书记、副书记和委员职务的，上级党组织应当及时作出调整。对存在换届选举拉票贿选、宗族宗教和黑恶势力干扰渗透等问题的，上级党组织应当及时严肃处理。**六是明确了领导责任和制度保障。**各级党委（党组）应当把党支部建设作为最重要的基本建设，定期研究讨论、加强领导指导，切实履行主体责任。县级党委每年至少专题研究 1 次党支部建设工作。抓党支部建设情况应当列入各级党委书记抓基层党建工作述职评议考核的重要内容，作为评判其履行管党治党政治责任情况的重要依据。对抓党支部建设不力、各项工作不落实的，上级党委及其组织部门应当进行约谈。对党支部建设出现严重问题，党员、群众反映强烈的，应当按照规定严肃问责。各级党组织应当为党支部开展工作提供必要条件，给予经费保障。

5.《中国共产党重大事项请示报告条例》

请示报告制度是我们党的一项重要政治纪律、组织纪律、工作纪律，是执行民主集中制的有效工作机制。党的十八大以来，党中央高度重视加强请示报告工作。习近平总书记反复强调严格执行请示报告制度的重要性，明确要求全党必须严格执行重大问题请示报告制度，研究涉及全局的重大事项或作出重大决定要及时向党中央请示报告，执行党中央重大决定的情况要专题报告。2019 年 1 月 31 日，中共中央印发的《中国共产党重大事项请示报告条例》为开展请示报告工作提供了基本遵循，有利于推动请示报告工作全面走上制度化、规范化、科学化轨道，对于坚持和加强党的全面领导，坚持党要管党、全面从严治党，坚决做到“两个维护”，保证全党团结统一和行动一致，具有重要意义。

《条例》共 8 章 48 条，分别从党组织请示报告主体，党组织请示报告事项，党组织请示报告程序，党组织请示报告方式，党员、领导干部请示报告，监督与追责等方面作出了规定。**一是明确了各地区各部门党组织承担重大事项请示报告工作主体责任。**党组织主要负责同志为第一责任人，应当对请示报告工作负总责。地方党委办公厅（室）应当负责接受办理本级党委请示报告的重大事项，并统筹协调和督促指导本地区的请示报告工作。**二是明确了请示报告的主体。**请示报告的主体包括党组织、党员和领导干部三类。党组织请求报告工作一般应当以组织名义进行，向负有领导或者监督指导职责的上级党组织请示报告。特殊情况下，可以党组织负责同志名义代表党组织请示报告。请示报告应当逐级进行，特殊情况下可直接向更高层级党组织请示报告。党员一般应当向所在党组织请示报告重大事项。领导干部一般应当向所属党组织请示报告重要工作。**三是明确规定了党组织请示、报告、报备事项。**应当向党中央请示报告的事项包括涉及党和国家工作全局的重大方针政策，五大建设和党的建设中的重大原则和问题，国家安全、港澳台侨等党中央集中统一管理的事项，以及其他只能由党中央领导和决策的重大事项。应当向上级党组织请示的事项包括贯彻落实党中央决策部署和上级党组织决定中的重要情况和问题，需要作出调整的政策措施，需要支持解决的特殊困难等十个方面；报告事项包括学习贯彻习近平新时代中国特色社会主义思想，统筹推进“五位一体”总体布局和协调推进“四个全面”

战略布局的重要情况等九个方面；报备事项包括党内法规和规范性文件等五个方面。**四是明确了党组织请示报告的程序。**重大事项请示报告一般应当经党组织领导班子集体研究或者传批审定，由主要负责同志签发或作出，必要时应当事先报上级党组织分管负责同志同意。须事前请示，情况紧急的，按照规定履职尽责，及时进行后续请示报告。应写明请求事项及相关理由，一文一事，不能在报告等非请示性公文中夹带请示事项。**五是明确了党员、领导干部的请示报告事项。**党员应当向党组织请示事项包括从事党组织所分配的工作中的重要问题等五个方面；报告的事项包括贯彻执行党组织决议及完成党组织交办工作任务情况等四个方面。领导干部应当向党组织请示的事项包括超出自身职权范围，应由所在党组织或上级党组织作出决定的重大事项等四个方面；报告的事项包括学习贯彻习近平新时代中国特色社会主义思想、贯彻落实党中央决策部署、党组织决定中的重要情况和问题等八个方面。**六是规定了请示报告的方式。**党组织应当根据重大事项类型和缓急程度采用口头或书面方式进行请示报告。党员、领导干部按照规定采用口头、书面方式进行请示报告。**七是明确党组织的监督职责和追究责任的情形。**党组织应当将重大事项请示报告工作开展情况纳入向上一级党组织报告工作的重要内容；将重大事项请示报告工作情况作为履行全面从严治党政治责任的重要内容，对下级党组织及其主要负责同志进行考核评价；对于重大事项请示报告工作中出现的主体不适当、内容不准确、程序不规范、方式不合理等问题，上级党组织应当及时提醒纠正，并将有关情况体现到考评通报中。有违反政治纪律和政治规矩，擅自决定应当由党中央决定的重大事项，损害党中央权威和集中统一领导等情形，应当依规依纪追究有关党组织和党员、领导干部以及工作人员的责任，涉嫌违法犯罪的，按照有关法律规定处理。

6.《中国共产党党员教育管理工作条例》

党的十八大以来，以习近平同志为核心的党中央把党员教育管理作为党的建设的一项基础性经常性工作来部署推进，从严从实教育管理党员，推动管党治党不断从宽松软走向严紧硬，取得明显成效。站在新的历史起点上，我们党统揽伟大斗争、伟大工程、伟大事业、伟大梦想，必须把党员教育管理放在更加突出的位置，着力激发党组织的生机活力，建设一支信念坚定、政治可靠、素质优良、纪律严明、作用突出的党员队伍。2019年5月6日，中共中央印发的《中国共产党党员教育管理工作条例》以习近平新时代中国特色社会主义思想为指导，以党章为根本遵循，总结吸收实践创新成果，对党员教育管理的内容、方式、程序等作出规范，是新时代党员教育管理工作的基本遵循。《条例》的制定和实施，对于提高党员队伍建设质量，推动全面从严治党向纵深发展，夯实党长期执政基础，实现党的伟大执政使命，具有十分重要的意义。

《条例》共10章46条，分别从党员教育管理的首要政治任务、基本任务、党员日常教育管理主要方式、党籍和党员组织关系管理、党员监督和组织处置、流动党员管理、党员教育管理信息化、组织领导和工作保障等方面作出规定。**一是明确了党员教育管理工作的责任。**地方各级党委和部门单位党组（党委）应当领导本地区本部门本单位的党员教育管理工作。地方各级党委组织部和纪检监察机关、党委宣传部、党校（行政学院）、机关工委、教育工委、国资委党委等，应当分别按照职能职责，承担党员教育管理工作任务。基层党委应当履行抓党员教育管理的基本职责，推动落实上级党组织的工作安排，指导所辖党支部做好党员日常教育管理工作。各级党委（党组）应当加强对党员教育管理工作的检查考核。市、县党委或者基层党委每年应当组织党员集中轮训，党员每年集中学习培训时间一般不少于32学时。**二是规定了党员日常教育管理的主要方式。**党支部应当运用“三会一课”制度，对党员进行经常性的教育管理。党支部每年至少要召开1次组织生活会，开展1次民主评议党员，民主评议党员可以结合组织生活会一并进行。每月开展1次主题党日，组织党员集中学习、过组织生活、进行民主议事和开展志愿服务等。党组织应当坚持从严教育管理和热情关心爱护相统一，针对老党员的身体、居住和家庭等实际情况，采取灵活方式，进行教育管理服务，组织他们参加党的组织生活，发挥力所能及的作用。对年老体弱、行动不便、身患重病甚至失能的党员，组织活动和开展学习教育不作硬性要求，党组织通过送学上门、走访慰问等方式，给予更多关心照顾。**三是加强了党籍和党员组织关系管理**。入党时，经党支部党员大会通过、基层党委审批接收的预备党员，自通过之日起，即取得党籍。对因私出国并在国外长期定居的党员，出国学习研究超过5年仍未返回的党员，一般予以停止党籍。对与党组织失去联系6个月以上、通过各种方式查找仍然没有取得联系的党员，应当予以停止党籍，停止党籍2年后确实无法取得联系的，按照自行脱党予以除名。党员出现理想信念缺失，政治立场动摇，已经丧失党员条件；信仰宗教，经党组织帮助教育仍没有转变；因思想蜕化提出退党；为了达到个人目的以退党相要挟；出现问题限期改正期满后仍无转变的；没有正当理由，连续6个月不参加党的组织生活，或者不交纳党费，或者不做党所分配的工作等情况，按照规定程序给予除名处置。**四是规范了流动党员的管理**。党员工作单位、经常居住地发生变动的，或者外出6个月以上并且地点相对固定的，应当转移组织关系。基层党组织对外出6个月以上并且没有转移组织关系的流动党员，应当保持经常联系，跟进做好教育培训、管理服务等工作。高校党组织对组织关系保留在学校的高校毕业生流动党员，应当继续履行管理职责。党员组织关系保留时间一般不超过2年，对符合转出组织关系条件的及时转出。对出国（境）学习研究党员，由原就读高校或者工作单位党组织保留其组织关系，每半年至少与其联系1次。

7.《中国共产党党内监督条例》

加强党内监督，是我们党从所处的历史方位、所面临的内外形势、所肩负的使命任务出发，着眼坚持党的领导，加强党的建设，全面从严治党，保持党的先进性和纯洁性提出的一项重大任务。2016年10月27日，中国共产党第十八届中央委员会第六次全体会议审议通过《中国共产党党内监督条例》。《条例》通过明确责任、完善制度，把党内监督严起来、实起来，把党组织的凝聚力、战斗力焕发出来，推动管党治党由宽松软走向严实硬。

《条例》共8章47条，分三大板块：第一章是总则，构成第一板块；第二章至第五章构成第二板块，是条例的主体部分；第六章至第八章构成第三板块。主体部分分别就党的中央组织、党委（党组）、党的纪律检查委员会、基层党组织和党员这四类监督主体的监督职责以及相应监督制度作出规定。**一是加强党的中央组织的监督。**党的中央委员会、中央政治局、中央政治局常务委员会全面领导党内监督工作。**二是加强党委（党组）全面监督。**党委（党组）在党内监督中负主体责任，书记是第一责任人，党委常委会委员（党组成员）和党委委员应当在职责范围内履行监督职责；党委（党组）应当加强对领导干部的日常管理监督，坚持党的组织生活制度、党内谈话制度，执行干部考察考核制度；党的领导干部应当每年在党委常委会（或党组）扩大会议上述责述廉，接受评议。加强党内监督应当坚持和完善领导干部个人有关事项报告制度，建立健全党的领导干部插手干预重大事项记录制度，支持和保证同级人大、政府、监察机关、司法机关等对国家机关及公职人员依法进行监督，人民政协依章程进行民主监督，审计机关依法进行审计监督，加强对履行党内监督责任和问题整改落实情况的监督检查。**三是加强党的纪律检查委员会专责监督。**纪委必须把维护党的政治纪律和政治规矩放在首位；纪委派驻纪检组对派出机关负责，定期向派出机关汇报工作，至少每半年会同被监督单位党组织专题研究1次党风廉政建设和反腐败工作；党的各级纪律检查委员会严把干部选拔任用“党风廉洁意见回复”关；通报曝光问题；接到对干部一般性违纪问题的反映，约谈函询被反映人。纪委（纪检组）应当加强对履行党内监督责任和问题整改落实情况的监督检查。**四是加强党的工作部门职能监督。**党的工作部门应当执行各项监督制度，加强职责范围内党内监督工作，既要加强对本部门本单位的内部监督，又要强化对本系统的日常监督。审计机关发现涉嫌违纪的问题线索，应当向同级党组织报告，必要时向上级党组织报告，并将问题线索移送相关纪律检查机关处理。**五是加强党的基层组织日常监督。**党的基层组织应当严格党的组织生活；了解党员、群众对党的工作和党的领导干部的批评和意见；维护和执行党的纪律，发现党员、干部违反纪律问题时应当及时教育或者处理，问题严重的应当向上级党组织报告。同时，党组织应当如实记录、集中管理党内监督中发现的问题和线索，及时了解核实，作出相应处理，不属于本级办理范围的应当移送有权限的党组织处理；对监督中发现的问题应当做到条条要整改、件件有着落；应当保障党员的知情权和监督权，鼓励和支持党员在党内监督中发挥积极作用，应当保障监督对象的申辩权、申诉权等相关权利。**六是加强党员民主监督。**党员应当加强对党的领导干部的民主监督，向党组织反映群众意见和诉求；应当揭露和纠正党组织和党员在工作中存在的缺点和问题；应当参加党组织开展的评议领导干部活动；应当向党负责地揭发、检举党的任何组织和任何党员违纪违法的事实。此外，党的领导干部应当开展批评和自我批评，按规定如实报告个人有关事项，认真对待、自觉接受社会监督。

8.《中国共产党巡视工作条例》

巡视是党章赋予的重要职责，是加强党的建设的重要举措，是从严治党、维护党纪的重要手段，是加强党内监督的重要形式。为落实全面从严治党要求，严肃党内生活，净化党内政治生态，加强党内监督，规范巡视工作，2017 年 7 月 1 日，中共中央修改《中国共产党巡视工作条例》。《条例》对于落实全面从严治党、依规治党要求，贯彻中央巡视工作方针，深入推进党风廉政建设和反腐败斗争，加强党组织领导班子和干部队伍建设，推动党的先进性和纯洁性建设，具有十分重要的意义。

《条例》共 7 章 42 条，分别从机构和人员、巡视范围和内容、工作方式和权限、工作程序、纪律与责任等方面作出规定。**一是明确职责和巡视机构。**党的中央和省、自治区、直辖市委员会应当实行巡视制度，建立专职巡视机构，在一届任期内应当对所管理的地方、部门、企事业单位党组织全面巡视。党的市（地、州、盟）和县（市、区、旗）委员会应当建立巡察制度，设立巡察机构，对所管理的党组织进行巡察监督。开展巡视巡察工作的党组织应当承担巡视巡察工作的主体责任。党的中央和省、自治区、直辖市委员会应当成立巡视工作领导小组，巡视工作领导小组下设办公室，为其日常办事机构，党的中央和省、自治区、直辖市委员会应当设立巡视组。**二是明确巡视内容。**巡视组对巡视对象执行《中国共产党章程》和其他党内法规，遵守党的纪律，落实全面从严治党主体责任和监督责任等情况进行监督，着力发现党的领导弱化、党的建设缺失、全面从严治党不力，党的观念淡漠、组织涣散、纪律松弛，管党治党宽松软问题。**三是明确巡视工作的程序。**巡视工作应当了解被巡视党组织领导班子及其成员的有关情况，进驻（通报巡视任务、开展巡视了解工作、形成巡视报告，情况汇报，提出处理意见，报派出巡视组的党组织决定，研究并决定巡视成果的运用），反馈，移交相关部门，督促整改。**四是对被巡视对象提出纪律要求。**被巡视党组织收到巡视组反馈的意见后，应当认真整改落实。被巡视党组织领导班子及其成员应当自觉接受巡视监督，积极配合巡视组开展工作。党员有义务向巡视组如实反映情况。

9.《中国共产党纪律处分条例》

党的纪律是党的各级组织和全体党员必须遵守的行为规则。党政处分是对违纪党员采取的必要的教育手段和组织手段。2018 年 8 月 18 日，中共中央印发了新修订的《中国共产党纪律处分条例》。《条例》以党内法规的形式明确回答党的纪律和纪律处分方面一系列重大的理论和实践问题，体现了时代性，具有科学性，标志着我们党的纪律建设更加规范化、制度化。《条例》坚持依规治党与以德治党相结合，围绕党纪戒尺要求，开列负面清单，重在立规，是对党章规定的具体化，划出了党组织和党员不可触碰的底线，对于贯彻全面从严治党要求，把纪律和规矩挺在前面，切实维护党章和其他党内法规的权威性、严肃性，保证党的路线、方针、政策、决议和国家法律法规的贯彻执行，深入推进党风廉政建设和反腐败斗争具有十分重要的意义。

《条例》共3编11章142条，第一编总则，用5章43条对指导思想、原则和适用范围、违纪和纪律处分、纪律处分运用规则、对违法犯罪党员的纪律处分等作出规定；第二编分则，用6章95条分别就违反政治、组织、廉洁、群众、工作、生活纪律行为处分的情形作出规定。**一是明确规定违反政治纪律的行为。**违反政治纪律的行为包括在重大原则问题上不同党中央保持一致，发表、传播危害党的言论；危害党的团结统一；对党不忠诚不老实；干扰巡视巡察工作或者不落实巡视巡察整改要求；对抗组织审查，违反政治纪律和政治规矩等。**二是明确规定违反组织纪律的行为。**违反组织纪律的行为包括违反请示报告制度；违反民主集中制原则；拉票贿选，违反干部选拔任用；侵犯党员权利；违规组织、参加自发成立的老乡会、校友会、战友会等。**三是明确规定违反廉洁纪律的行为。**违反廉洁纪律的行为包括滥用职权和谋求私利，违规接受礼品礼金和服务；违规从事营利活动，侵占公私财物；违反厉行节约和反对浪费的规定；违规借用管理和服务对象钱物；利用职权或者职务上的影响操办婚丧喜庆事宜；接受或者提供可能影响公正执行公务的宴请或者旅游等活动安排等。**四是明确规定违反群众纪律的行为。**违反群众纪律的行为包括在扶贫领域有乱摊派、乱收费、吃拿卡要、拖欠群众钱款等；破坏党群和干群关系，利用宗族或者黑恶势力等欺压群众，或者纵容涉黑涉恶活动、为黑恶势力充当“保护伞”；盲目举债、铺摊子、上项目，搞劳民伤财的“形象工程”“政绩工程”等损害群众利益的行为。**五是明确规定违反工作纪律的行为。**违反工作纪律的行为包括违反有关规定干预和插手司法活动等行为；形式主义、官僚主义等。**六是明确规定违反生活纪律的行为。**违反生活纪律的行为包括生活奢靡、贪图享乐、追求低级趣味；违背社会公序良俗，在公共场所有不当行为；与他人发生不正当性关系，造成不良影响的；不重视家风建设，对配偶、子女及其配偶失管失教等。

10.《中国共产党问责条例》

有权必有责、有责要担当、失责必追究。党中央紧紧抓住落实主体责任这个“牛鼻子”，把问责作为从严治党利器。为了坚持党的领导，加强党的建设，全面从严治党，保证党的路线方针政策和党中央重大决策部署贯彻落实，规范和强化党的问责工作，根据《中国共产党章程》，2019 年 8 月 25 日，中共中央新修订了《中国共产党问责条例》。《条例》聚焦管党治党政治责任，坚持严字当头，针对实践中出现的问责不力、泛化简单化等问题，着力提高党的问责工作的政治性、精准性、实效性。

《条例》共 27 条，分别从问责主体、问责对象、问责情形、调查程序和问责方式等方面作出规定。**一是进一步明晰了工作职责。**党委（党组）应当履行全面从严治党主体责任，加强对本地区本部门本单位问责工作的领导，追究在党的建设、党的事业中失职失责党组织和党的领导干部的主体责任、监督责任、领导责任。纪委应当履行监督专责，协助同级党委开展问责工作。纪委派驻（派出）机构应当开展问责工作。党的工作机关应当实施本机关本系统本领域的问责工作。**二是进一步规范了问责对象应当承担的责任。**问责应当分清责任。党组织领导班子应当在职责范围内负有全面领导责任，领导班子主要负责人和直接主管的班子成员应当在职责范围内承担主要领导责任，参与决策和工作的班子成员应当在职责范围内承担重要领导责任。对党组织问责的，应当同时对该党组织中负有责任的领导班子成员进行问责。党组织、党的领导干部违反党章和其他党内法规，不履行或者不正确履行职责的，按照相关规定予以问责；可以不予问责或者免予问责，应当从重或者加重问责的情形按照具体规定执行。**三是进一步规范了问责程序、方式和决定。**问责程序：有管理权限的党委经主要负责人审批，组成调查组，开展调查，提出处理意见后启动；调查组撰写事实材料，与调查对象见面，听取其陈述和申辩，并记录在案；调查工作结束后，调查组应当集体讨论，形成调查报告，履行审批手续。问责方式：对党组织的问责方式有检查、通报、改组三种；对党的领导干部的问责方式有通报、诫勉、组织调整或组织处理、纪律处分四种。问责决定：问责决定由有管理权限的党组织作出，向被问责党组织、被问责领导干部及其所在党组织宣布并督促执行。被问责党组织、被问责领导干部及其所在党组织汲取教训，明确整改措施。作出问责决定的党组织加强督促检查，推动以案促改。**四是进一步明确责任追究情形。**党组织要及时纠正不当问责或不精准问责，必要时，上级党组织可以直接纠正或者责令问责决定的党组织予以纠正。党组织、党的领导干部滥用问责，或者在问责工作中严重不负责任，造成不良影响的，应当严肃追究责任。要正确对待被问责干部，对影响期满、表现好的干部，符合条件的，按照干部选拔任用有关规定正常使用。

11.《中国共产党党务公开条例（试行）》

推进党务公开，是贯彻落实党的十九大精神，坚定不移全面从严治党，提高党的执政能力和领导水平的重大举措，是我们党坚定“四个自信”的重要体现，也是增强全党“四个意识”的重要途径，对于发展党内民主，加强党内监督，充分调动全党积极性、主动性、创造性，对于推进社会主义民主政治建设，动员组织人民群众形成最大的同心圆和凝聚力，更好贯彻落实党的理论和路线方针政策，具有重要意义。2017 年 12 月 20 日，中共中央印发的《中国共产党党务公开条例（试行）》是党务公开领域的首部基础主干法规。《条例》的制定出台，为做好党务公开工作提供了基本遵循，标志着党务公开工作全面走上制度化、规范化、程序化轨道。

《条例》共 5 章 27 条，分别对党务公开的原则和机制、内容和范围、程序和方式以及监督追责作出了规定。**一是明确了地方党委办公厅（室）的主要职责。**地方党委办公厅（室）承担本级党委党务公开的具体工作，负责统筹协调和督促指导本地区的党务公开工作。党的组织应当根据所承担的职责任务，建立健全党委公开的保密审查、风险评估、信息发布、政策解读、舆论引导、舆情分析、应急处置等工作机制。**二是明确了党务公开的内容。**党的组织应当贯彻落实党的基本理论、基本路线、基本方略情况，应当落实全面从严治党责任，除涉及党和国家秘密不得公开或者依照有关规定不宜公开的事项外，一般应当公开。党务公开不得危及政治安全特别是政权安全、制度安全，以及经济安全、军事安全、文化安全、社会安全、国土安全和国民安全等。**三是规范了党务公开的范围。**党务公开的范围包括向社会公开的领导经济社会发展、涉及人民群众生产生活的党务；在全党公开的涉及党的建设重大问题或者党员义务权利，需要全体党员普遍知悉和遵守执行的党务；在本地区、本部门、本单位公开的各地区、各部门、各单位的党务；对特定党的组织、党员和群众公开的涉及特定党的组织、党员和群众切身利益的党务。**四是明确了党务公开的程序和方式。**党务公开应当严格履行程序，选择适当的公开方式。党务公开应当经过“提出－审核－审批－实施”四个程序，各个环节的主体及其职责按照规定履行。在党内公开的，应当采取召开会议、制发文件、编发简报、在局域网发布等方式；向社会公开的，应当采取发布公报、召开新闻发布会、接受采访，在报刊、广播发布等方式，优先使用党报党刊等党的媒体进行发布。**五是明确了党务公开的制度保障。**县级以上地方党委以及地方纪律检查机关、地方党委有关工作机关应当建立和完善党委新闻发言人制度，逐步建立例行发布制度，及时准确发布重要党务消息，有条件的党组织可以建立统一的党务信息公开平台。

12.《中国共产党党员权利保障条例》

保障党员权利的正常行使和不受侵犯，是发展党内民主的重要基础，是提高党的执政能力的必然要求。2020 年 12 月 25 日，中共中央印发了新修订的《中国共产党党员权利保障条例》。《条例》明确党员权利保障的原则和总体要求，细化党章规定的党员权利，完善保障措施，压实党组织、领导干部的职责任务，保障党员正确行使权利，对于充分体现我们党的领导制度优势，发挥党员主体作用，把全体党员更加紧密地团结在党中央周围，为全面建设社会主义现代化国家、实现中华民族伟大复兴的中国梦共同奋斗，具有重要意义。

《条例》共 5 章 52 条，分为三大板块：第一板块为第一章总则；第二板块由第二至第四章构成，是条例的主体部分；第三板块为第五章附则。主体部分明确了党员权利，保障党员权利的措施，党委（党组）、党的纪律检查机关、党的工作机关、党的基层组织、领导干部特别是高级干部在党员权利保障工作中的职责任务和责任追究。**一是明确了党员享有的权利类型。**党员享有党内知情权、接受党的教育培训权、党内参加讨论权、党内建议和倡议权、党内监督权、党内提出罢免撤换要求权、党内表决权、党内选举权、党内申辩权、党内提出不同意见权、党内请求权、党内申诉权、党内控告权。预备党员除了没有表决权、选举权和被选举权以外，享有同正式党员一样的权利。**二是明确了保障党员权利的措施。**党组织通过实行党务公开、严格党的组织生活制度、加强党员教育培训、征求党员意见、提供党员提出意见的条件、创新保障党员权利的方法手段、坚持民主集中制、支持党员提出意见建议、健全党代表联系党员制度、严格执行选举制度规则、按照管理权限中止党员相关权利、巡视巡察检查督查听取党员意见建议、严格落实党内民主监督制度、落实“三个区分开来”要求、保护党员担当作为的积极性、严肃处理诬告陷害行为、教育引导受到处理处分的党员、处理党员申诉、维护流动党员权利、加强党内关怀帮扶等措施保障党员权利。**三是明确党委（党组）、党的纪律检查机关、党的工作机关、党的基层组织、领导干部特别是高级干部的职责任务。**党委（党组）必须落实全面从严治党主体责任，加强对党员权利保障工作的领导。党的纪律检查机关要加强监督检查，受理和处置有关党员权利保障方面的检举、控告和申诉，对侵犯党员权利的案件进行检查和处理。党委办公厅（室）、组织部、宣传部、统战部、政法委员会和党的机关工作委员会等党的工作机关应当结合自身职能和工作实际，研究解决职责范围内党员权利保障工作的重要问题，提出相关意见建议，为保障党员权利正常行使创造条件、提供服务。党的基层组织应当发挥战斗堡垒作用，着力打通党员权利保障工作的“最后一公里”。领导干部特别是高级干部应当以身作则，带头履行党员义务、正确行使党员权利，营造党员积极行使权利的良好氛围，模范遵守和严格执行党员权利保障方面的法规制度。**四是强化责任追究。**党组织和领导干部侵犯党员权利的8种情形和党员不正确行使权利的5种情形，应当依规依纪追究责任。对于有侵犯党员权利行为的党组织，上级党组织应当责令改正；情节较重的，按照规定追究纪律责任。对于有侵犯党员权利行为的党员，其所在党组织或者上级党组织可以采取责令停止侵权行为、责令赔礼道歉，以及批评教育、责令检查、诫勉等方式给予处理；情节较重的，按照规定给予组织调整或者组织处理、党纪处分。党组织和领导干部违反党章和其他党内法规的规定，不履行或者不正确履行保障党员权利的职责，造成严重后果或者恶劣影响的，应当按照管理权限由相关党委（党组）、党的纪律检查机关或者党的工作机关予以问责。

13.《中国共产党党内法规制定条例》

党的十八大以来，以习近平同志为核心的党中央坚持全面从严治党、依规治党，大力加强党内法规制度建设，取得重大进展和显著成效。党内法规制定步伐明显加快，先后制定和修订了180多部中央党内法规，出台了一批标志性、关键性、基础性法规制度，党内法规制度体系的“四梁八柱”基本立起来了，总体上实现了有规可依。2019年9月3日，中共中央印发的新修订的《中国共产党党内法规制定条例》对推动以党内法规建设为核心环节的党的制度建设，提升党的建设的科学化水平，丰富拓展执政党建设的新路子具有重要意义。

《条例》共7章43条，分别从党内法规制定的权限、规划与计划、起草、审批与发布、保障等五个方面作出规定。**一是明确了党内法规的制定主体。**党的中央组织、中央纪律检查委员会以及党中央工作机关和省、自治区、直辖市党委可以制定党内法规。**二是明确了党内法规的名称和形式。**党内法规为党章、准则、条例、规定、办法、规则、细则。中央纪律检查委员会以及党中央工作机关和省、自治区、直辖市党委制定的党内法规，可以使用规定、办法、规则、细则的名称。党内法规一般使用条款形式表述，根据内容需要可以分为编、章、节、条、款、项、目。**三是明确了党内法规制定的有关特别规定。**凡是涉及创设党的组织职权职责、党员义务权利、党的纪律处分和组织处理的，只能由党内法规作出规定，制定党内法规涉及政府职权范围事项的，可以由党政机关联合制定。**四是明确了党内法规的制定程序**。制定党内法规应当统筹进行，科学编制党内法规制定工作五年规划和年度计划，突出重点、整体推进。中央党内法规按其内容一般由中央纪律检查委员会、中央各部门起草，综合性党内法规由中央办公厅协调中央纪律检查委员会、中央有关部门起草或者成立专门起草小组起草。审议批准机关收到党内法规草案后，交由所属负责法规工作的机构进行审核。经审议批准的党内法规草案，由负责法规工作的机构核文后按规定程序报请发布。**五是明确了制定党内法规的位阶原则、解释机构**。制定党内法规应当严格遵循效力位阶要求，同一制定机关制定的党内法规，一般规定与特别规定不一致的，适用特别规定；旧的规定与新的规定不一致的，适用新的规定。党内法规需要进一步明确条款具体含义或者适用问题的，应当进行解释。中央党内法规由党中央或者授权有关部委解释，中央纪律检查委员会以及党中央工作机关和省、自治区、直辖市党委制定的党内法规由制定机关解释，党内法规的解释同党内法规具有同等效力。**六是明确了党内法规的备案与清理**。中央纪律检查委员会以及党中央工作机关和省、自治区、直辖市党委制定的党内法规应当自发布之日起 30 日内报党中央备案。制定机关应当组织开展党内法规清理工作，及时开展集中清理，根据需要开展特定内容或者特定范围的专项清理，在制定工作中同步开展即时清理。根据清理情况，作出修改、废止、宣布失效等决定。制定机关应当及时修改滞后于实践发展的党内法规，视情可以采取修订、修正案或者修改决定等方式修改，对相关联的党内法规可以开展集中修改，修改后，应当发布新的党内法规文本。

14.《中国共产党党旗党徽制作和使用的若干规定》

中国共产党的党旗党徽是中国共产党的象征和标志。党的各级组织和每一个党员，都应当尊重和爱护党旗党徽。1996 年 9 月 21 日，中共中央办公厅印发的《中国共产党党旗党徽制作和使用的若干规定》对于制作和使用党旗党徽作出了明确的规定。《规定》的施行对于维护中国共产党党旗党徽的尊严，使党旗党徽的制作、使用规范化具有重要意义。

《规定》共 12 条，分别对党旗党徽的图案、通用规格、使用范围、制作和使用作出了规定。**一是规定了党旗党徽的图案。**中国共产党党旗为旗面缀有金黄色党徽图案的红旗。中国共产党党徽为镰刀和锤头组成的图案。**二是规定了党旗的通用规格。**党旗的规格有下列五种：长 288 厘米，宽 192 厘米；长 240 厘米，宽 160 厘米；长 192 厘米，宽 128 厘米；长 144 厘米，宽 96 厘米；长 96 厘米，宽 64 厘米。在特定场所需要使用非通用规格党旗的，要报县级以上党的委员会组织部批准。用于悬挂的党徽的具体尺寸，由使用党徽的党组织提出并报县级以上党的委员会批准。党旗和用于悬挂的党徽，由中央组织部从生产国旗国徽的企业中指定企业，按照本规定所附的中国共产党党旗党徽制法说明制作。**三是明确了党旗的使用范围。**召开党的基层代表大会，举行新党员入党宣誓仪式；党内举行重大庆祝、纪念活动，党日活动；党的委员会及其工作部门、党的中央和地方委员会派出的代表机关及其工作部门、党的纪律检查机关的会议室，可以悬挂党旗。按照国旗法规定应升挂国旗的场所，一般不同时悬挂党旗。**四是明确了党徽的使用范围。**党的委员会及其工作部门、党的中央和地方委员会派出的代表机关及其工作部门、党的纪律检查机关和党组的印章（印模）中间应当刻有党徽图案；召开党的全国代表大会、代表会议和地方各级代表大会、代表会议，应当悬挂党徽，并在党徽两侧各布五面红旗；党的各级组织颁发的奖状、证书和其他荣誉性文书、证件上，可以印党徽图案；党内出版物上可以印党徽图案。除上述情况外，使用党徽及其图案需经县级和县级以上党的委员会组织部批准。悬挂党旗党徽，应当置于显著位置。使用党旗党徽及其图案，应当严肃、庄重。不得使用破损、污损、褪色或不符合制作规定的党旗党徽。**五是严格党旗党徽制作和使用。**党旗党徽及其图案不得用作商标和广告。党的各级组织应对本规定的执行情况经常进行监督检查，对违反本规定的党组织和党员应进行批评教育，情节严重的应给予当事人党的纪律处分。

15.《关于实行党风廉政建设责任制的规定》

党风问题关系党的生死存亡。只有始终坚持党要管党、从严治党，发扬党的优良传统和作风，坚持不懈地反对腐败，加强党风建设和廉政建设，才能不断提高党的领导水平和执政水平，不断增强党的阶级基础和群众基础，不断提高党的创造力、凝聚力、战斗力。2010 年 11 月 10 日，中共中央印发的《关于实行党风廉政建设责任制的规定》是深入推进党风廉政建设和反腐败斗争的一项重要基础性法规，对于强化各级领导班子和领导干部抓反腐倡廉建设的政治责任，保证党中央、国务院关于党风廉政建设和反腐败斗争各项决策部署的贯彻落实，进一步提高管党治党水平，推动科学发展、促进社会和谐，具有十分重要的意义。

《规定》共 5 章 32 条，分别从责任内容、检查考核与监督、责任追究等方面作出了规定。**一是明确了领导班子、领导干部的责任。**领导班子应当对职责范围内的党风廉政建设负全面领导责任。领导班子主要负责人是职责范围内的党风廉政建设第一责任人，应当重要工作亲自部署、重大问题亲自过问、重点环节亲自协调、重要案件亲自督办。领导班子其他成员应当根据工作分工，对职责范围内的党风廉政建设负主要领导责任。领导班子、领导干部在党风廉政建设中应当按照规定承担领导责任。**二是明确了检查考核与监督的内容、方法和程序。**党委（党组）应当建立党风廉政建设责任制的检查考核制度，建立健全检查考核机制，制定检查考核的评价标准、指标体系，明确检查考核的内容、方法、程序。党委（党组）应当将检查考核情况在适当范围内通报，对检查考核中发现的问题，要及时研究解决，督促整改落实。党委（党组）应当建立和完善检查考核结果运用制度。检查考核结果作为对领导班子总体评价和领导干部业绩评定、奖励惩处、选拔任用的重要依据。党委（党组）应当结合本地区、本部门、本系统实际，建立走访座谈、社会问卷调查等党风廉政建设社会评价机制，动员和组织党员、群众有序参与，广泛接受监督。**三是明确了责任追究情形。**领导班子、领导干部违反或者未能正确履行相关规定职责的，应当追究责任。领导干部有违反相关规定情形，情节较轻的，给予批评教育、诫勉谈话、责令作出书面检查；情节较重的，给予通报批评；情节严重的，给予党纪政纪处分，或者给予调整职务、责令辞职、免职和降职等组织处理；涉嫌犯罪的，移送司法机关依法处理。领导班子、领导干部违反相关规定，需要查明事实、追究责任的，由有关机关或者部门按照职责和权限调查处理。其中需要追究党纪政纪责任的，由纪检监察机关按照党纪政纪案件的调查处理程序办理；需要给予组织处理的，由组织人事部门或者由负责调查的纪检监察机关会同组织人事部门，按照有关权限和程序办理。各级纪检监察机关应当加强对下级党委（党组）、政府实施责任追究情况的监督检查，发现有应当追究而未追究或者责任追究处理决定不落实等问题的，应当及时督促下级党委（党组）、政府予以纠正。

16.《中国共产党党内法规和规范性文件备案审查规定》

党的十八大以来，以习近平同志为核心的党中央高度重视党内法规制度建设，对备案审查工作提出一系列重要要求。在全面从严治党向纵深推进的新形势下，2019 年 8 月 30 日，中共中央修订《中国共产党党内法规和规范性文件备案审查规定》。《规定》为新时代备案审查工作展现新担当、实现新作为提供基本遵循，对于深入推进制度治党、依规治党，进一步加强党内监督，维护党内法规和党的政策的统一性、权威性，具有重要意义。

《规定》共 7 章 28 条，分别从备案主体、报备要求、审查标准、处理方式、监督保障等方面作出了规定。**一是明确了党内法规和规范性文件的报备主体。**党组织制定的党内法规和规范性文件应当向上级党组织报备。多个党组织联合制定的党内法规和规范性文件，由牵头党组织向共同的上级党组织报备。党组织对下级党组织报备的党内法规和规范性文件进行审查，具体工作由其所属法规工作机构或者承担相关职能的工作机构办理。**二是明确了党内法规和规范性文件的报备事项。**应当报备的党内法规和规范性文件，自发布之日起 30 日内由制定机关报备。报备党内法规和规范性文件，应当提交1份备案报告、正式文本和备案说明，装订成册，并报送电子文本。备案说明应当写明制定背景、政策创新及其依据、重要数据指标来源、征求意见、审议签批等情况。报备机关应当在每年2月1日前，将上一年度文件目录报送审查机关备查。**三是明确了党内法规和规范性文件的审查内容。**审查机关对符合审查要求的报备党内法规和规范性文件，应当予以登记。审查内容包括政治性审查、合法合规性审查、合理性审查和规范性审查。对内容复杂敏感、专业性强、涉及面广的党内法规和规范性文件，审查机关可以征求有关方面意见建议或者进行会商调研。针对审查中发现的问题或者有关方面的意见建议，审查机关可以要求报备机关作出说明。**四是明确了审查机关的处理办法。**审查机关应当根据不同情形，对报备的党内法规和规范性文件作出相应处理决定，并督促报备机关及时办理。报备机关应当认真落实审查机关的处理决定，对审查中没有发现问题的党内法规和规范性文件，审查机关应当直接予以备案通过，并及时反馈报备机关。审查机关对报备的党内法规和规范性文件作出审查处理决定，应当按照规定权限和程序审批。**五是明确了备案审查的保障措施。**党组织应当加强对备案审查工作情况的监督检查、考核评价、表彰奖励，相关结果在一定范围内通报。党组织应当实行党内法规和规范性文件备案审查责任追究制度。违反规定的，应当依规依纪追究有关党组织、党员领导干部以及工作人员的责任。

17.《中国共产党党内法规执行责任制规定（试行）》

党的十八大以来，以习近平同志为核心的党中央坚持全面从严治党、依规治党，大力加强党内法规制度建设，取得重大进展和显著成效。党内法规制定步伐明显加快，出台了一批标志性、关键性、基础性法规制度，党内法规制度体系的“四梁八柱”基本立起来了，总体上实现了有规可依。2019年9月3日，中共中央印发的《中国共产党党内法规执行责任制规定（试行）》从根本上破解了党内法规“执行难”的问题，对各级党组织和党员领导干部增强“四个意识”、坚定“四个自信”、做到“两个维护”，牢固树立执规是本职、执规不力是失职的理念，切实担负起执行党内法规的政治责任具有重要意义。

《规定》共 19 条，分别从各级党组织和党员领导干部的执规责任、执规工作、执规能力建设、实施评估等方面作出了规定。**一是明确了执规责任。**地方各级党委应当对本地区党内法规执行工作负主体责任。党委（党组）每年至少要召开 1 次会议专题研究党内法规执行工作，将党内法规纳入理论学习中心组学习和干部教育培训的重要内容；党委办公厅（室）应当负责统筹协调本地区党内法规执行工作。党委职能部门、办事机构、派出机关、直属事业单位等，对主要规定其职权职责的党内法规，应当负有牵头执行的责任。其他相关单位应当协助配合牵头部门共同执行党内法规；党组（党委）应当对本单位（本系统）执行有关党内法规负主体责任；街道、乡镇党的基层委员会和村、社区党组织，国有企业党委，实行党委领导下的行政领导人负责制的事业单位党组织，应当对本地区本单位执行有关党内法规负主体责任。**二是规定了执规能力建设。**党员领导干部应当带头学习宣传党内法规，带头严格执行党内法规，带动广大党员、干部以尊崇的态度、敬畏的精神守规用规护规。党委（党组）书记应当履行本地区本单位党内法规执行第一责任人职责，分管党内法规工作的班子成员应当承担党内法规执行直接责任，其他班子成员应当按照“一岗双责”要求抓好分管领域党内法规执行工作。**三是明确了执规责任的监督和检查。**对于违反和破坏党内法规的各种行为，应当严肃查处，防止形成“破窗效应”。党的纪律检查机关应当带头严格、公正、规范执行党内法规，并对其他党组织和党员领导干部履行执规责任进行监督检查，切实维护党章和其他党内法规。

18.《中国共产党组织处理规定（试行）》

组织处理是教育干部、管理干部的必备手段，是全面从严治党的重要措施。为进一步加强组织处理工作，推进组织处理与纪律处分、法律责任追究有机衔接，构建更加完备的干部管理监督制度体系，党中央加强顶层设计，将制定组织处理制度纳入了党内法规制定工作规划。2021 年 3 月 19 日中共中央办公厅发布的《中国共产党组织处理规定（试行）》是第一部专门就组织处理作出全面规定的党内法规，为贯彻落实新时代党的组织路线，从严管理监督干部，建设忠诚干净担当的高素质干部队伍提供有力保障。

《规定》共 19 条，分别从组织处理方式、原则、适用对象、适用情形、处理程序、材料保管、受处理干部后续管理使用等作出了规定。**一是明确了组织处理的指导思想、方式、原则、适用对象等。**组织处理是指党组织对违规违纪违法、失职失责失范的领导干部采取的岗位、职务、职级调整措施，包括停职检查、调整职务、责令辞职、免职、降职 5 种，包括全面从严治党、从严管理监督干部；党委（党组）领导、分级负责；实事求是、依规依纪依法；惩前毖后、治病救人等 4 条原则。适用于各级党的机关、人大机关、行政机关、政协机关、监察机关、审判机关、检察机关以及事业单位、群团组织中担任领导职务的党员干部。**二是明确了组织处理的适用情形，以及不予或者免予组织处理的情形。**应受到组织处理的情形包括在重大原则问题上不同党中央保持一致等 16 种情形及兜底情形，将政治监督放在首位，聚焦突出问题，体现鲜明导向，涵盖了干部政治表现、履行职责、工作作风、遵守组织制度、道德品行及廉洁自律等方面。贯彻严管和厚爱结合、激励和约束并重精神，明确规定对符合“三个区分开来”要求的失误过失，可以不予或者免予组织处理。**三是对组织处理的程序、影响期、申诉、纠正等作了规定。**对领导干部进行组织处理，按照调查核实、提出处理意见、研究决定、宣布实施 4 个环节进行。受到调整职务处理的，1 年内不得提拔职务、晋升职级或者进一步使用；受到责令辞职、免职处理的，1 年内不得安排领导职务，2 年内不得担任高于原职务层次的领导职务或者晋升职级；受到降职处理的，2 年内不得提拔职务、晋升职级或者进一步使用。受到组织处理的领导干部，当年不得评选各类先进。受到调整职务处理的，当年年度考核不得确定为优秀等次；受到责令辞职、免职、降职处理的，当年年度考核只写评语不确定等次。领导干部对组织处理决定不服的，可以在收到组织处理决定后，向作出组织处理决定的党委（党组）提出书面申诉。党委（党组）应当在收到申诉的 1 个月内作出申诉处理决定。领导干部对申诉处理决定不服的，可以向上级组织（人事）部门提出书面申诉。上级组织（人事）部门应当在 2 个月内予以办理并作出答复。对组织处理存在事实认定不清楚、责任界定不准确的，党组织应当重新调查核实，处理不当的，应当及时予以纠正。**四是对组织处理文书材料制作保管，受到组织处理干部的后续管理、重新使用等作了规定。**组织（人事）部门应当将组织处理决定材料和纠正材料归入本人干部人事档案，根据工作需要抄送有关部门。对受到组织处理的干部加强教育管理，督促认真反省、积极改正，影响期满、表现好且符合有关条件的，按照干部选拔任用等有关规定予以使用。

19.《中国共产党发展党员工作细则》

党员是党的肌体上的细胞和党的活动的主体，发展党员工作是党的建设一项经常性重要工作。为了适应新形势下发展党员工作的需要，中共中央办公厅于 2014 年 5 月 28 日印发了《中国共产党发展党员工作细则》。《细则》的修订实施，体现了党要管党、从严治党方针，体现了实践探索的新经验，是做好新形势下发展党员工作的重要遵循。《细则》对于深入贯彻党中央关于党员队伍建设的新部署新要求，保证发展党员的质量，建设一支规模适度、结构合理、素质优良、纪律严明、作用突出的党员队伍，具有十分重要的意义。

《细则》共 7 章 44 条，分别从入党积极分子的确定和培养教育、发展对象的确定和考察、预备党员的接收、预备党员的教育、考察和转正、发展党员工作的领导和纪律等方面作出规定。**一是明确了发展党员工作的领导责任。**各级党委应当把发展党员工作列入重要议事日程，纳入党建工作责任制，作为党建工作述职、评议、考核和党务公开的重要内容。对发展党员工作情况，市（地、州、盟）、县（市、区、旗）党委应当每半年检查一次，省、自治区、直辖市党委应当每年检查一次。各级党委组织部门每年应当向同级党委和上级党委组织部门报告发展党员工作情况和发展党员工作计划，如实反映带有倾向性的问题和对违反规定发展党员的查处情况。**二是明确了入党条件及申请程序。**凡年满十八岁的中国工人、农民、军人、知识分子和其他社会阶层的先进分子，承认党的纲领和章程，愿意参加党的一个组织并在其中积极工作、执行党的决议和按期交纳党费的，可以申请加入中国共产党。入党申请人应当向工作、学习所在单位党组织提出入党申请，没有工作、学习单位或工作、学习单位未建立党组织的，应当向居住地党组织提出入党申请。流动人员还可以向单位所在地党组织或单位主管部门党组织提出入党申请，也可以向流动党员党组织提出入党申请。党组织收到入党申请书后，应当在一个月内派人同入党申请人谈话，了解基本情况。**三是明确了积极分子的确定及培养教育。**在入党申请人中确定入党积极分子，应当采取党员推荐、群团组织推优等方式产生人选，由支部委员会研究决定，并报上级党委备案。党组织应当指定一至两名正式党员作入党积极分子的培养联系人。党支部每半年对入党积极分子进行一次考察。**四是明确了发展对象的确定和考察。**对经过一年以上培养教育和考察、基本具备党员条件的入党积极分子，在听取党小组、培养联系人、党员和群众意见的基础上，支部委员会讨论同意并报上级党委备案后，可列为发展对象。发展对象应当有两名正式党员作入党介绍人。入党介绍人一般由培养联系人担任，也可由党组织指定。受留党察看处分、尚未恢复党员权利的党员，不能作入党介绍人。党组织必须对发展对象进行政治审查。基层党委或县级党委组织部门应当对发展对象进行短期集中培训。培训时间一般不少于三天（或不少于二十四个学时）。**五是明确了预备党员的接收程序。**接收预备党员应当严格按照党章规定的程序办理。支部委员会应当对发展对象进行严格审查，经集体讨论认为合格后，报具有审批权限的基层党委预审。经基层党委预审合格的发展对象，由支部委员会提交支部大会讨论。召开讨论接收预备党员的支部大会，有表决权的到会人数必须超过应到会有表决权人数的半数。支部大会讨论两个以上的发展对象入党时，必须逐个讨论和表决。预备党员必须由党委审批，党委审批预备党员，必须集体讨论和表决，党委会审批两个以上的发展对象入党时，应当逐个审议和表决。**六是明确了预备党员的教育、考察和转正工作流程。**党组织应当及时将上级党委批准的预备党员编入党支部和党小组，对预备党员继续进行教育和考察。预备党员必须面向党旗进行入党宣誓。预备党员的预备期为一年，延长预备期，延长时间不能少于半年，最长不超过一年。讨论预备党员转正的支部大会，对到会人数、赞成人数等要求与讨论接收预备党员的支部大会相同。党员的党龄，从预备期满转为正式党员之日算起。推迟转正的不超过六个月。

地方党委执行的中央党内法规

一、地方党委制度

1.《中国共产党地方委员会工作条例》

地方党委制度是我们党执政兴国的重要组织制度，完善这项制度是推进国家治理体系和治理能力现代化的重要方面。2015 年 12 月 25 日，中共中央印发的《中国共产党地方委员会工作条例》深入贯彻党的十八大和十八届三中、四中、五中全会精神，坚持问题导向和改革精神，突出地方党委全面从严治党政治责任，健全地方党委发挥领导核心作用的制度基础，完善地方党委运行机制，是新形势下做好地方党委工作的基本遵循。《条例》的制定和实施，对进一步加强和改进地方党委工作，提高党的执政能力和领导水平，具有十分重要的意义。

《条例》共 7 章 33 条，分别从组织和成员、职责、组织原则、议事和决策、监督和追责等方面作出规定。**一是明确了地方党委全面从严治党的政治责任。**地方党委应当认真履行全面从严治党主体责任，书记应当履行抓党建第一责任人职责，专职副书记的职责主要是协助书记抓党建，常委会其他委员履行分管领域从严治党责任；常委会应当定期研究党建工作，每年至少向全会和上一级党委专题报告 1 次抓党建工作情况。**二是强调了地方党委要发挥领导核心作用。**党的地方委员会应当在本地区发挥总揽全局、协调各方的领导核心作用，按照协调推进“四个全面”战略布局，对本地区经济建设、政治建设、文化建设、社会建设、生态文明建设实行全面领导，对本地区党的建设全面负责。**三是规定了地方党委的组织架构和成员配备。**党的地方委员会应当由同级党代表大会选举产生，由委员、候补委员组成，每届任期5年。党的地方委员会的常务委员会应当由党的地方委员会全体会议选举产生，由党的地方委员会书记、副书记和常委会其他委员组成。常委会委员配备，由上级党委根据工作需要，按照有利于贯彻执行民主集中制、提高议事决策水平的原则决定。常委会委员名额，省级为11至13人，市、县两级为9至11人，个别地方需要适当增减的，由党中央决定或者省级党委根据中央精神审批。**四是明确了党的地方委员会及其常委会的议事和决策制度。**党的地方委员会及其常委会应当健全决策咨询机制，重大决策一般应当在调查研究的基础上提出方案，充分听取各方面意见，进行风险评估和合法合规性审查，经过全会或者常委会会议讨论和决定。党的地方委员会及其常委会可以根据工作需要召开扩大会议，但不得代替全会、常委会会议作出决策。需要提交常委会会议审议的重要事项，可以先召开书记专题会议进行酝酿。书记专题会议由书记主持，副书记和其他有关常委会委员等参加，书记专题会议不得代替常委会会议作出决策。**五是明确了监督和追责。**党的地方委员会向同级党代表大会负责并报告工作，应当自觉接受上级党委领导和工作监督，并接受上级和同级纪律检查机关监督，接受下级党组织和党员群众的监督，接受各民主党派和无党派人士的民主监督。上级党委应当定期对下一级党委常委会及其成员履行职责情况进行考核，建立健全奖惩机制。违反本条例有关规定的，根据情节轻重，给予批评教育、责令作出检查、诫勉谈话、通报批评或者调离岗位、责令辞职、免职、降职等处理；应当追究党纪政纪责任的，依照《中国共产党纪律处分条例》《行政机关公务员处分条例》等有关规定给予相应处分；涉嫌违法犯罪的，按照国家有关法律规定处理。

2.《中国共产党地方组织选举工作条例》

地方党组织选举是党内政治生活的重要内容，是加强党的政治建设、党内民主建设的重要途径。2020年12月28日，中共中央印发了新修订的《中国共产党地方组织选举工作条例》。《条例》总结长期以来特别是党的十八大以来党内选举工作实践经验，对地方党组织选举工作作出全面规范，是党内选举实践探索和制度建设的重要成果，是新时代地方党组织选举工作的基本遵循，对于贯彻落实新时代党的建设总要求和新时代党的组织路线，坚持和加强党的全面领导，健全维护党的集中统一的组织制度，规范党的地方组织选举，加强党的地方组织建设，提高党的执政能力和领导水平，具有重要意义。

《条例》共 8 章 49 条，分别从代表、委员会委员、常务委员会委员和书记、副书记的产生，选举的实施，呈报审批，纪律和监督等方面作出规定。**一是明确了选举范围和选举方式。**党的地方各级组织任期届满应当按期进行换届选举，党的地方各级组织任期届满，如需延期或提前换届选举，应经上一级党的委员会批准，延长期限不得超过 1 年。党的地方各级代表大会代表，委员会委员、候补委员、常务委员会委员应当实行差额选举，党的地方各级委员会书记、副书记应当实行等额选举。选举采取无记名投票方式，可以直接采用差额选举办法进行正式选举，也可以先采用差额选举办法预选，产生候选人名单，再进行正式选举。**二是明确了代表产生的程序。**代表的产生由选举单位集体研究确定代表候选人初步人选，并在一定范围内公示，公示期不少于 5 个工作日，通过在本单位举行党委会全体会议确定候选人备选人选，召开党员大会或者代表大会或者代表会议确定候选人，报召开代表大会的党委会审批，如由同一选举单位选出的代表出缺数量较多的，可以按照上述程序进行补选；地方党委在代表大会召开前负责初审，代表资格审查委员会提出代表资格审查报告，经大会预备会议或大会主席团通过的代表，获得正式资格。**三是明确了委员会委员产生的程序。**地方党委委员会委员、候补委员应当由党委会全体会议确定下届委员会组成原则，常委会提出候选人初步人员，党委员会组建考察组进行考察；常委会确定预备人选报上一级党委会审批，大会主席团审议预备人选并提请各代表团酝酿，确定候选人，由大会进行选举。**四是明确了常委会委员和书记、副书记产生的程序。**由常委会提出预备人选，报上一级党委会审批，新选举产生的党委会召开全体会议，对预备人选进行充分酝酿确定候选人，先选举常务委员会委员，再选举书记、副书记。候选人数，应分别多于应选人数1至2人。**五是明确了呈报审批的注意事项。**召开代表大会的请示，地方党委一般于召开代表大会2个月前报上一级党的委员会审批；党的地方各级委员会委员、候补委员常务委员会委员和书记、副书记候选人预备人选，一般于召开代表大会1个月前报上一级党的委员会审批；当选的地方各级党的委员会委员、候补委员，应当报上一级党的委员会备案；当选的地方各级党委会常委会委员和书记、副书记，应当报上一级党的委员会审批。**六是明确了纪律和监督的情形。**党的地方各级代表大会的选举，如果发生违反党章的情况，上一级党的委员会在调查核实后，应当作出选举无效和采取相应措施的决定，并报再上一级党的委员会审查批准，正式宣布执行。

3.《党委（党组）落实全面从严治党主体责任规定》

习近平总书记在党的群众路线教育实践活动总结大会讲话中首次提出“全面推进从严治党”。党的十八届六中全会专题研究全面从严治党重大问题，充分展现了党中央坚定不移推进全面从严治党的决心和信心。2020年3月9日，中共中央办公厅印发的《党委（党组）落实全面从严治党主体责任规定》是党中央健全全面从严治党责任制度的重要举措。

《规定》共5章25条，分别从全面从严治党的责任内容、责任落实和监督追责等方面作出规定。**一是明确了党委（党组）落实全面从严治党主体责任应当遵循的原则。**党委（党组）落实全面从严治党主体责任，应当遵循坚持紧紧围绕加强和改善党的全面领导，坚持全面从严治党各领域各方面各环节全覆盖，坚持真管真严、敢管敢严、长管长严和坚持全面从严治党过程和效果相统一的原则。**二是明确了党委（党组）落实全面从严治党的责任内容。**地方党委应当将党的建设与经济社会发展同谋划、同部署、同推进、同考核，加强对本地区全面从严治党各项工作的领导。党组（党委）应当坚持党建工作与业务工作同谋划、同部署、同推进、同考核，加强对本单位（本系统）全面从严治党各项工作的领导。党委（党组）领导班子成员应当强化责任担当，狠抓责任落实，增强落实全面从严治党责任的自觉和能力，带头遵守执行全面从严治党各项规定，自觉接受党组织、党员和群众监督，在全面从严治党中发挥示范表率作用。**三是明确了党委（党组）落实全面从严治党的责任落实。**党委（党组）每半年应当至少召开1次常委会会议（党组会议）专题研究全面从严治党工作，分析研判形势，研究解决瓶颈和短板，提出加强和改进的措施。党委（党组）可以根据本规定，结合实际制定责任清单，具体明确党委（党组）及其书记和领导班子其他成员承担的全面从严治党责任。党委（党组）每年年初应当根据党中央决策部署以及上级党组织决定，结合本地区本单位全面从严治党形势和任务，坚持问题导向，突出工作重点，制定本地区本单位落实全面从严治党主体责任的年度任务安排，明确责任分工和完成时限。**四是明确了监督追责。**地方党委每年年初应当向上一级党委书面报告上一年度落实全面从严治党主体责任情况。地方党委常委会应当将落实全面从严治党主体责任情况作为向全会报告工作的一项重要内容。上级党组织应当加强对党委（党组）落实全面从严治党主体责任情况的监督检查和巡视巡察，着力发现和解决责任不明确、不全面、不落实等问题。

4.《县以上党和国家机关党员领导干部民主生活会若干规定》

民主生活会是党内政治生活的重要内容，是发扬党内民主、加强党内监督、依靠领导班子自身力量解决矛盾和问题的重要方式。坚持和完善民主生活会制度，是保证党的团结统一、保持党的先进性和纯洁性的一大法宝。2016年12月23日，中共中央印发的《县以上党和国家机关党员领导干部民主生活会若干规定》对各级党委（党组）履行组织开好民主生活会的相关事项作出了明确规定。**一是明确了民主生活会的领导责任。**各级党委（党组）应当履行组织开好民主生活会的领导责任，应当加强督导工作。上级党组织应当通过派出督导组、派人列席等方式，对下级单位召开的民主生活会进行督促检查和指导，具体工作由组织部门会同纪律检查机关负责。对问题突出的领导班子，上级党组织主要负责人应当亲自过问，派出得力的负责人列席民主生活会，严肃指出问题、深入分析原因、切实帮助解决。**二是明确了民主生活会召开的程序。**召开民主生活会应当制定会议方案，提前10日报上级党组织审核，并做好必要的准备工作。民主生活会应当由领导班子主要负责人主持，并按规定步骤进行。**三是明确了领导班子及其成员严肃认真开展批评和自我批评、切实解决问题的方式方法。**民主生活会应当直面问题，领导干部应当在会上把自身存在的突出问题说清楚、谈透彻，开展批评和自我批评，明确整改方向。自我批评应当联系实际、针对问题、触及思想。相互批评应当开诚布公指出问题，防止以工作建议代替批评意见。对检查和反映出来的问题，领导班子及其成员应当制定整改措施，确定整改目标和完成时限。对群众反映强烈的突出问题进行专项整治。需要上级党组织帮助解决的，应当及时向上级党组织报告。反映领导班子成员的违纪问题，由党的纪律检查机关处理。**四是明确了民主生活会的责任追究。**执行民主生活会的制度情况应当纳入领导班子及其成员履行全面从严治党责任考核内容，作为考核评价领导班子的重要依据，对不按规定召开、走过场的行为应当进行责任追究。

5.《党的地方委员会全体会议对下一级党委、政府领导班子正职拟任人选和推荐人选表决办法》

为了扩大党内民主，完善干部选拔任用制度，2004年4月8日，中共中央办公厅印发的《党的地方委员会全体会议对下一级党委、政府领导班子正职拟任人选和推荐人选表决办法》是积极推进政治体制改革的实际步骤，是深化干部人事制度改革的重要举措之一。《办法》有利于规范党政领导人才的正常流动，防止和克服用人上的不正之风，全面推进干部人事工作的科学化、民主化和制度化。

《办法》共16条，分别从党的省、自治区、直辖市，设区的市、自治州委员会全体会议对下一级党委、政府领导班子正职的拟任人选和推荐人选的表决程序，以及全委会闭会期间征求全委会成员意见的程序等方面作出了规定。**一是明确了市（地、州、盟）、县（市、区、旗）党委、政府领导班子正职的拟任人选和推荐人选的表决方式和表决程序。**市（地、州、盟）、县（市、区、旗）党委、政府领导班子正职的拟任人选和推荐人选一般由上一级党委常委会提名并提交全委会无记名投票表决。表决由党委常委会主持，经五个程序：公布党委常委会提名的拟任人选、推荐人选名单；党委分管干部工作的领导成员或组织部门负责人，逐一介绍拟任人选、推荐人选的推荐、考察和任用理由等情况；对拟任人选、推荐人选进行审议；无记名投票表决；宣布表决结果。**二是明确了全委会闭会期间急需任用干部的决定程序。**全委会闭会期间急需任用干部的，应当按照干部管理权限，由党委常委会作出决定，决定前应当征求全委会成员的意见。决定经五个程序：根据党委意见，组织部门将征求意见表、提名人选的基本情况、提名理由等材料，用书面方式送达全委会成员；全委会成员收到材料后，在规定时间内将意见以书面形式向组织部门反馈；组织部门将征求意见情况向党委常委会汇报；经征求意见，超过全体成员半数不同意的，党委常委会应当作出不予任用或不予推荐的决定；反映拟任或推荐人选有重大问题的，党委常委会应当责成有关部门调查核实，根据情况及时作出是否任用或推荐的决定。**三是规定了参照执行情况。**党的地区、盟委员会对县（市、旗）党委、政府领导班子正职拟任人选和推荐人选的决定，一般采取无记名投票的办法。党的地方委员会全体会议表决党委、政府工作部门正职领导干部的拟任人选和推荐人选，党的县（市、区、旗）委员会全体会议表决乡（镇、街道）党政领导班子正职的拟任人选和推荐人选，参照执行。

6.《中国共产党党委（党组）理论学习中心组学习规则》

进一步推进党委（党组）理论学习中心组学习制度化、规范化，对于提高领导干部理论水平和工作能力，加强领导班子思想、政治建设具有重要作用。2017年1月30日，中共中央办公厅印发的《中国共产党党委（党组）

理论学习中心组学习规则》以党章为根本遵循，明确了党委（党组）理论学习中心组学习要以政治学习为根本，以深入学习中国特色社会主义理论体系为首要任务，以掌握和运用马克思主义立场、观点、方法为目的，坚持围绕中心、服务大局，坚持知行合一、学以致用。《规则》坚持问题导向、注重实效，坚持依规管理、从严治学，对建设学习型服务型创新型的马克思主义执政党、提高党的执政能力和领导水平提供了根本遵循，对全党学习具有“风向标”和“排头兵”作用。

《规则》共 5 章 17 条，分别从组织与职责、学习内容、形式与要求、学习管理、考核与问责等方面作出规定。**一是明确了中心组的组成人员和工作职责。**党委（党组）理论学习中心组主要由党委（党组）领导班子成员组成，可以根据学习需要适当吸收有关人员参加，配备学习秘书，由宣传部、办公厅（室）、组织部或者机关党委等机构负责人担任，由宣传部负责人牵头。各级党委（党组）应当把理论学习中心组学习列入重要议事日程，纳入党建工作责任制，纳入意识形态工作责任制，对本级理论学习中心组学习负主体责任，对本地区本部门本单位的理论学习中心组学习负领导责任。党委（党组）书记是理论学习中心组学习的第一责任人，书记不能参加时，由主持党委（党组）日常工作的负责人代行职责。**二是明确了学习的内容、形式与要求。**学习内容以政治学习为根本，学习马克思列宁主义、毛泽东思想、邓小平理论、“三个代表”重要思想、科学发展观，习近平总书记系列重要讲话和治国理政新理念新思想新战略，党章党规党纪和党的基本知识等九个方面内容。可以通过集体学习研讨、个人自学、专题调研的形式，开展切实有效的学习活动。集体学习研讨应当保证学习时间和质量，每年应当集中一定时间学习，每季度不少于 1 次。提倡理论学习中心组成员结合工作实际撰写学习心得、调研报告或者理论文章。**三是明确了学习的管理、考核与问责。**党委（党组）理论学习中心组每年年初应当按照党中央和上级党组织部署，结合工作实际，制定年度学习计划，由本级党委（党组）审定后施行，并报送上级党委宣传部、组织部备案。每年向上级党委宣传部、组织部报送中心组学习情况。

二、领导本地区农村、宣传思想文化、政法、统战、党校、编制等工作

7.《中国共产党农村工作条例》

党管农村工作是我们党的优良传统，是加快推进农业农村现代化的重要举措。2019 年 8 月 19 日，中共中央印发的《中国共产党农村工作条例》对地方党委做好农村工作作出了明确要求。**一是明确了地方党委的主要职责。**市（地、州、盟）党委应当把农村工作摆上重要议事日程，做好上下衔接、域内协调、督促检查工作，发挥好以市带县作用；县（市、区、旗）党委应当制定具体管用的工作措施，建立健全职责清晰的责任体系；县级以上地方党委应当设立农村工作领导小组。省市级农村工作领导小组一般由同级党委副书记任组长，县级农村工作领导小组由县委书记任组长，其成员由党委和政府有关负责人以及相关部门主要负责人组成。**二是规定了地方党委要严格落实责任。**围绕加强党对农村经济建设、社会主义民主政治建设、社会主义精神文明建设、社会建设、农村生态文明建设及农村党的建设等方面的领导任务，各级党委应当推动全面从严治党向基层延伸，深入推进农村党风廉政建设，把落实农村政策情况作为巡视巡察重要内容。**三是明确了地方党委要加强工作队伍建设。**各级党委应当把懂农业、爱农村、爱农民作为基本要求，加强农村工作队伍建设。各级党委应当培养一支有文化、懂技术、善经营、会管理的高素质农民队伍，造就更多乡土人才。各级党委应当发挥工会、共青团、妇联等群团组织的优势和力量，发挥各民主党派、工商联、无党派人士等积极作用，鼓励社会各界投身乡村振兴。**四是规定了健全乡村振兴工作的考核机制。**地方各级党委和政府主要负责人、农村

基层党组织书记是本地区乡村振兴工作第一责任人，上级党委和政府应当对下级党委和政府主要负责人、农村基层党组织书记履行第一责任人职责情况开展督查考核，并将考核结果作为干部选拔任用、评先奖优、问责追责的重要参考。地方各级党委和政府要实行市县党政领导班子和领导干部推进乡村振兴战略实绩考核制度，每年要向上级党委和政府报告乡村振兴战略实施情况。地方各级党政领导班子和主要负责人，如果不履行或者不正确履行农村工作职责，应当依照有关党内法规和法律法规予以问责。**五是明确了相应的保障措施。**各级党委应当注重发挥改革对农业农村发展的推动作用，注重发挥投入对农业农村发展的支撑作用，注重发挥科技教育对农业农村发展的引领作用，注重发挥乡村规划对农业农村发展的导向作用，注重发挥法治对农业农村发展的保障作用。各级党委应当建立激励机制，按照规定表彰和奖励在农村工作中作出突出贡献的集体和个人。

8.《中国共产党政法工作条例》

政法工作是党和国家工作的重要组成部分，是党领导政法单位依法履行专政职能、管理职能、服务职能的重要方式和途径。2019 年 1 月 13 日，中共中央印发的《中国共产党政法工作条例》对地方党委的职责任务和领导责任作出了明确规定。**一是明确了地方党委的职责任务。**地方党委应当领导本地区的政法工作，应当在本地区带头执行党中央以及上级党组织决定、决策部署、指示等事项，并指导、督促党委政法委员会和政法单位党组（党委）做好贯彻执行相关工作，建立健全委员会全体会议或者常委会会议研究部署政法工作的制度，将政法工作纳入重要议事日程，及时研究解决政法工作和队伍建设的重大问题，必要时开展巡视巡察，并在一定范围内进行通报。地方党委应当加强对党委政法委员会、政法单位党组（党委）和下一级党委常委会履职情况的考评考核，其结果作为对有关领导班子、领导干部综合考核评价的重要内容和依据；地方党委成员对党委集体决策应当坚决执行；如有不同意见，可以保留或者向上级党组织反映，但在决策改变前应当坚决执行。**二是明确了地方党委在本地区政法工作中的领导责任。**地方党委在本地区政法工作中的领导责任主要包括：统筹政法工作中事关维护国家安全的政治安全重要事项；统筹维护社会稳定工作，及时处理影响社会稳定的重要事项和突发事件；统筹规划平安建设、法治建设与经济社会发展；推动政法单位依法维护社会主义市场经济秩序；组织实施党中央关于政法改革方案；完善党委领导、政府负责、社会协同、公众参与、法治保障的社会治理体制；完善党委、纪检监察机关、党委政法委员会对政法单位的监督机制；加强党对政法队伍建设的领导；改善执法司法条件；推动完善和落实保障政法干警依法履职、开展工作的制度和政策；本地区政法工作中的其他重要事项。

9.《中国共产党统一战线工作条例》

党的十八大以来，以习近平同志为核心的党中央高度重视统一战线工作，召开一系列重要会议，出台一系列重要文件，作出一系列重大部署，科学回答了统一战线一系列重大理论和实践问题，形成了习近平总书记关于加强和改进统一战线工作的重要思想，为新时代统一战线事业发展提供了根本遵循。2020 年 12 月 21 日，中共中央印发了新修订的《中国共产党统一战线工作条例》，对地方党委在统一战线工作中的机构设置、责任主体、主要职责保障和监督作出了明确规定。**一是明确了机构设置。**党中央以及地方党委设置统战部。统一战线工作任务重的党中央以及省、市两级党委派出机关设置统一战线工作机构。乡（镇、街道）党组织应当有人员负责统一战线工作，其中统一战线工作任务重的明确专人负责。统一战线工作任务重的大型国有企业党委（党组）明确机构和人员负责统一战线工作。统一战线工作任务重的高等学校、科研院所党委设置统一战线工作机构。有关人民团体，其他高等学校、科研院所党委，统一战线工作任务重的其他单位党组（党委）应当明确相应机构负责统一战线工作。**二是明确了责任主体。**各级党委（党组）主要负责人为本地区本部门本单位统一战线工作第一责任人。党委（党组）领导班子成员应当带头学习、宣传和贯彻落实统一战线理论方针政策和法律法规，带头参加统一战线重要活动，带头广交深交党外朋友。地方党委成立统一战线工作领导小组，组长一般由同级党委书记担任。各级党委应当把党外代表人士队伍建设纳入干部和人才队伍建设总体规划，在优秀年轻干部队伍中统筹考虑党外干部。建立健全组织部门、统战部门协作配合机制。在动议和讨论决定党外干部的任免、调动、交流前，应当征求统战部门的意见。**三是明确了主要职责。**地方党委在统一战线工作中的职责包括：贯彻落实党中央以及上级党委关于统一战线工作的决策部署和工作要求，指导和督促检查下级党组织做好统一战线工作；定期研究统一战线重大问题、部署重要工作；按照权限制定统一战线工作相关党内法规、规范性文件和重要政策，并组织实施；组织开展统一战线理论方针政策的学习、研究、宣传和教育；落实党中央关于统一战线工作部门和统战干部队伍建设的要求；领导同级人大、政府、政协、监察委员会、法院、检察院和有关人民团体、企事业单位等做好本部门本单位本领域统一战线工作；发现、培养、使用、管理党外代表人士，健全领导干部与党外代表人士联谊交友制度。**四是明确保障和监督责任。**各级党委应当制定完善支持统一战线工作的政策，做好保障工作，对统一战线工作先进集体和先进个人，按照有关规定给予表彰奖励。各级党委（党组）应当落实全面从严治党主体责任，加强对本条例执行情况的监督检查，将本条例执行情况纳入领导班子、领导干部目标管理和考核体系，纳入政治巡视巡察、监督执纪问责范围。

10.《社会主义学院工作条例》

社会主义学院是中国共产党领导的统一战线性质的政治学院，是民主党派和无党派人士的联合党校，是统一战线人才教育培养的主阵地，是开展党的统一战线工作的重要部门，是党和国家干部教育培训体系的重要组成部分。2018 年 12 月 22 日，中共中央印发的《社会主义学院工作条例》明确了地方党委对社会主义学院的领导、办学保障、执行与监督责任。**一**

是明确规定地方党委要加强对社会主义学院的领导。地方党委应当把社会主义学院工作纳入党委整体工作部署和统一战线工作总体安排；配备、考核社会主义学院领导班子；制定党外代表人士参加社会主义学院教育培训政策，把教育培训和安排使用结合起来；研究解决社会主义学院工作中的重大问题，并进行督促检查。**二是明确规定地方党委要落实办学保障。**各级党委和政府应当重视本地区社会主义学院建设，保证必要的机构和人员编制，将学院所需经费列入年度财政预算。**三是明确规定地方党委要严格执行与监督。**各级党委及其有关部门应当依据职责对本条例的执行情况进行监督检查。违反本条例的，根据情节轻重，给予批评教育、责令作出检查、诫勉谈话、通报批评或者调离岗位、责令辞职、免职、降职等处理，或者依纪依法给予党纪政务处分。

11.《中国共产党党校（行政学院）工作条例》

党校（行政学院）工作是党和国家事业的重要组成部分，重视发挥党校（行政学院）作用是党的优良传统和政治优势。2019 年 10 月 25 日，中共中央印发的《中国共产党党校（行政学院）工作条例》明确要求各级党委（党组）要充分认识做好党校（行政学院）工作的重要性，落实办学治校的主体责任，抓好《条例》学习宣传、贯彻落实和督促检查，确保党中央关于党校（行政学院）工作的重大决策部署落到实处。**一是明确了责任主体。**各级党委是办党校（行政学院）、管党校（行政学院）、建党校（行政学院）的主体，党委书记是第一责任人。**二是明确了领导责任。**党委应当加强对党校（行政学院）工作的领导，各级党委要把党校（行政学院）工作纳入党委整体工作部署，每年专题研究党校（行政学院）工作。各级党委应当制定党的各级领导干部参加党校（行政学院）培训的规划和政策，把干部的培训和使用结合起来，将干部培训考核情况作为干部任职、晋升、管理的重要参考。在选优配强党校（行政学院）领导班子时，各级党委要把优秀干部充实到班子中来。各级党委应当将党校（行政学院）工作纳入党委党的建设工作年度目标考核，列入落实党建工作责任制情况述职内容。**三是明确要求加强人才队伍建设。**各级党委应当支持和帮助党校（行政学院）做好优秀干部、人才选调工作，建立党校（行政学院）干部内外交流制度。各级组织人事部门应当为党校（行政学院）输送和引进人才提供条件。**四是明确规定了保障措施。**各级党委和政府应当重视党校（行政学院）基础设施建设。党校（行政学院）的教室、宿舍、食堂和图书馆等设施是干部教育培训必需的基础设施，相关经费由同级财政性资金等途径解决。

12.《中国共产党机构编制工作条例》

机构编制资源是重要政治资源、执政资源，机构编制工作是党的重要工作。2019 年 8 月 5 日，中共中央印发的《中国共产党机构编制工作条例》对地方党委的工作职责作出了明确要求。**一是明确了机构编制的工作范围。**地方各级党委应当设立机构编制委员会，管理本地区机构编制工作，地方各级党委可以提出本地区体制机制和职责调整动议，并组织力量进行分析研判；重大事项和超出本级机构编制管理权限的事项，应当按照规定向上级党委请示报告，上级党委同意后再推进。地方各级机构编制委员会可以根据组织权限，对本地区体制机制和职责调整提出动议。**二是规范了地方机构的设置和职能配置，编制和领导职数配备。**机构编制应当保证有效实施党中央方针政策和国家法律法规，涉及党中央集中统一领导和国家法制统一、政令统一、市场统一的机构职能应当同中央基本对应。编制和领导职数配备应当符合党中央有关规定和机构编制党内法规、国家法律法规，适应党和国家事业、经济社会发展、机构履职需要。编制配备应当符合编制种类、机构和总额等规定。领导职数配备应当符合领导职务名称、层级、数量等规定，领导职务名称应当与机构层级相符合。凡属机构编制重大问题，应当由党委（党组）或者机构编制委员会集体讨论作出决定。**三是明确了党委（党组）和机构编制委员会应当进行审议的机构编制议题。**党委（党组）和机构编制委员会应当进行审议的机构编制议题内容主要有五项：是否有利于坚持和加强党的全面领导；是否符合中央有关规定和机构编制党内法规、国家法律法规以及相关政策规定；是否适应经济社会发展需要和财政保障能力，能否有效解决实际问题；是否科学合理，充分考虑了除调整机构编制外的其他解决办法；是否对可能带来的问题和遇到的困难进行客观分析。**四是规范了权责的划分。**党和国家机构改革、重大体制机制和职责调整的实施工作由党中央统一部署，中央机构编制委员会按照党中央要求组织实施。地方各级党委应当按照党中央统一部署研究制定本地区实施方案，按程序报批后方可施，并对实施工作负领导责任。各地区各部门党委（党组）对本地区本部门机构编制管理和监督负责。

三、选拔、推荐、管理干部[①]

13.《党政领导干部选拔任用工作条例》

选拔大批党和人民需要的信念坚定、为民服务、勤政务实、敢于担当、清正廉洁的好干部，是党的事业成功的关键所在。2019 年 3 月 3 日，中共中央印发了修订后的《党政领导干部选拔任用工作条例》，对干部选拔任用工作提出了基本遵循。《条例》明确要求各级党委（党组）要认真学习宣传、严格贯彻执行，切实做到严格按原则办事、按制度办事、按程序办事，全面履行选人用人主体责任。**一是明确了党委的职责。**党委应当按照干部管理权限履行选拔任用党政领导干部职责，切实发挥把关作用。**二是明确了选拔任用的程序。**党委应当根据工作需要和领导班子建设实际，结合综合分析研判情况，提出启动干部选拔任用工作意见。党委讨论决定干部任免事项，必须有三分之二以上成员到会，并保证与会成员有足够时间听取情况介绍、充分发表意见。与会成员对任免事项，应当逐一发表同意、不同意或者缓议等明确意见，党委主要负责人应当最后表态。意见分歧较大时，暂缓进行表决。党委有关干部任免的决定，需要复议的，应当经党委（党组）超过半数成员同意后方可进行。党委（党组）讨论决定干部任免事项进行

① 涉及的党内法规还包括：《行政执法类公务员管理规定（试行）》规定地方党委及其组织（人事部门）按照干部管理权限，对行政执法类公务员职务任免与升降工作，依照法定的条件和程序进行。《专业技术类公务员管理规定（试行）》规定地方党委及其组织（人事部门）按照干部管理权限，对专业技术类公务员职务任免与升降工作，依照法定的条件和程序进行。

表决，以党委（党组）应到会成员超过半数同意形成决定，涉及与会人员本人及其亲属的，本人必须回避。**三是明确了选拔任用的标准。**选拔任用党政领导干部必须突出政治标准、深入考察道德品行、强化专业素养考察、注重考察工作实绩、加强作风考察、强化廉政情况考察，要树立注重基层和实践的导向，注重发现和培养选拔优秀年轻干部，统筹做好培养选拔工作，推进领导干部能上能下。**四是明确了选拔任用的纪律。**干部考察组成员在干部考察工作中涉及其亲属的，本人必须回避。考察对象呈报单位或者所在单位党委（党组）必须就考察对象廉洁自律情况提出结论性意见，并由党委（党组）书记签字。干部交流由党委（党组）及其组织（人事）部门按照干部管理权限组织实施，严格把握人选的资格条件。

14.《党政领导干部考核工作条例》

干部考核是坚持和加强党的全面领导、推动党中央决策部署贯彻落实的重要举措，是激励干部担当作为、促进事业发展的重要抓手。2019 年 4 月 7 日，中共中央办公厅印发的《党政领导干部考核工作条例》明确党委按照干部管理权限，履行考核领导班子和领导干部的职责。**一是要切实履行主体责任。**党委应当承担考核工作主体责任，党委书记是第一责任人，组织（人事）部门应当承担具体工作责任。**二是要做好考核与评定工作。**根据需要，党委可以组建和派出考核组。各级党委应当加强对本地区干部考核工作与其他业务考核工作的统一领导，统筹协调督促指导，整合考核力量，归并考核项目和种类，严格控制“一票否决”事项，防止多头考核、重复考核。根据工作需要，各级党委每年可以选定部分领导班子和领导干部进行重点考核。应当结合实际，制定年度考核等次具体评定标准。**三是要加强考核工作的监督检查。**对不按照规定组织开展考核、考核工作失真失实造成严重后果、本地区考核工作中不正之风严重、干部群众反映强烈以及对违反考核工作纪律等工作查处不力的，应当追究党委主要负责人和有关领导成员、直接责任人的责任。党委应当加强对考核工作的监督检查，自觉接受群众和舆论监督，认真受理有关举报、复核、申诉、严肃查处违反考核工作纪律的行为。

15.《推进领导干部能上能下若干规定（试行）》

推进领导干部能上能下，重点是要解决干部能下问题。必须坚持党要管党、从严治党，坚持实事求是、公道正派，坚持人岗相适、人尽其才，坚持依法依规、积极稳妥，着力解决为官不正、为官不为、为官乱为等问题，促使领导干部自觉践行“三严三实”要求，推动形成能者上、庸者下、劣者汰的用人导向和从政环境。2015 年 7 月 19 日，中共中央办公厅印发的《推进领导干部能上能下若干规定（试行）》明确要求各级党委（党组）要将推进领导干部能上能下纳入全面从严治党、从严管理干部的重要内容，坚持原则、敢于负责，做到真管真严、敢管敢严、长管长严。**一是要建立健全工作责任制。**建立健全推进领导干部能上能下工作责任制，党委（党组）应当承担主体责任，党委（党组）书记是第一责任人，组织（人事）部门应当承担具体工作责任。把推进领导干部能上能下作为全面从严治党、从严管理干部的重要内容，坚持原则、敢于负责，做到真管真严、敢管敢严、长管长严。**二是要定期分析研判领导班子和干部队伍情况。**要加强对干部的日常了解，定期分析研判领导班子和干部队伍情况，对应当调整的干部及时作出调整。对调整下来的干部，应当给予关心帮助，有针对性地加强教育管理。要正确把握政策界限，注意保护干部干事创业、改革创新的积极性，宽容改革探索中的失误。**三是要加强督促检查。**各级党委（党组）及其组织（人事）部门应当加强对推进领导干部能上能下工作的督促检查，了解掌握相关工作情况。对工作不力的，应当根据具体情况，严格追究党委（党组）及其组织（人事）部门主要负责人和相关人员的责任。

16.《关于地方党委向地方国家机关推荐领导干部的若干规定》

向地方国家机关推荐领导干部是地方党委应当履行的一项重要职责。1990 年 1 月 12 日，中共中央印发的《关于地方党委向地方国家机关推荐领导干部的若干规定》对地方党委向地方国家机关推荐个别人选的程序、地方党委在干部辞职、调动或者退（离）休时应当履行的工作职责，以及地方党委提出需由上级党委审批的换届人事安排方案应当遵循的程序作出了明确规定。**一是明确了地方党委向地方国家机关推荐个别人选的程序。**在地方人民代表大会本届任期内，地方党委向地方国家机关推荐个别人选，应听取群众和有关方面意见，由组织部门考察，党委集体讨论决定，按干部管理权限报上级党委审批，依照法律规定任免。人大常委会党组成员或正副主任中的多数人，对党委推荐人选如有不同意见，党委可以重新推荐人选。由地方党委推荐的干部，在人民代表大会选举或人大常委会决定过程中如发现有一定根据、足以影响任命的问题，确实来不及查清，地方党委可建议人民代表大会或人大常委会暂缓选举或决定，待问题查清后，再决定是否继续推荐。由地方党委推荐、人民代表大会选举的干部落选后，根据工作需要和本人条件，可推荐为其他职务人选。如果再次推荐为同一职务人选，应在一年以后。**二是明确了地方党委在干部辞职、调动或者退（离）休时应当履行的工作职责。**由人民代表大会选举和人大常委会决定的干部请求辞职，应按干部管理权限上报。由人民代表大会选举和人大常委会决定的干部调动工作或退（离）休，应依法向人民代表大会或人大常委会提出辞职报告。人民代表大会和人大常委会收到罢免案或撤职议案时，人民代表大会主席团临时党组织和人大常委会党组应及时向党委报告。**三是明确了地方党委提出需由上级党委审批的换届人事安排方案应当遵循的程序。**在地方人民代表大会换届时，地方党委提出需由上级党委审批的换届人事安排方案，以及地方党委推荐由人大常委会决定的政府部门正职，应当遵循特定的程序。

17.《党政领导干部职务任期暂行规定》

党政领导干部在任期内应当保持稳定。2006 年 6 月 10 日，中共中央办公厅印发的《党政领导干部职务任期暂行规定》对地方党委的主体责任、领导干部的任期、党政领导干部任期内的职务调整作出明确规定。**一是对地方党委的主体责任作出了明确规定。**各级党委（党组）及其组织（人事）部门应当按照干部管理权限，负责本规定的组织实施，对执行本规定的情况进行监督，对违反本规定的行为予以纠正。**二是对领导干部的任期作出了明确规定。**党政领导干部在任期内应当保持稳定，除有特殊情形以外，应当任满一个任期。党政领导干部在一个任期内因工作特殊需要调整职务，一般不得超过一次。党政领导干部任期内和任期届满应当按照有关规定进行考核，考核结果作为干部使用的重要依据。党政领导干部在同一职位上连续任职达到两个任期，不再推荐、提名或者任命担任同一职务。民族自治地方的少数民族党政领导干部执行本规定相关条款，经批准可以适当放宽。**三是对党政领导干部任期内的职务调整作出了明确规定。**党政领导干部任期内调整职务，任职 3 年以上的，计算为一个任期；任职不足 3 年的，只计算任职年限，不计算任期届数。选任制党政领导干部在新一届领导班子选举产生时，原任领导职务自然解除。工作部门和工作机构正职领导成员任期届满不再连任的，按有关规定由任免机关下达免职通知，免去其担任的领导职务。

18.《农村基层干部廉洁履行职责若干规定（试行）》

农村党风廉政建设关系党的执政基础。2011 年 5 月 23 日，中共中央办公厅、国务院办公厅印发的《农村基层干部廉洁履行职责若干规定（试行）》对地方党委在农村党风廉政建设中的工作职责、检查考核机制等作出了明确规定。**一是明确了地方党委的工作职责。**各级党委和政府应当结合本规定的贯彻实施建立健全农村基层党务公开、政务公开、村务公开和办事公开制度以及农村基层干部经济责任审计制度，推进农村基层权力运行公开透明。同时要负责本规定的贯彻实施，开展教育培训，完善考评激励，落实待遇保障，加强监督检查，促进农村基层干部自觉贯彻执行本规定。**二是明确了检查考核机制**。县级党委和政府每年应当对乡镇领导班子成员执行本规定的情况进行一次检查考核。乡镇党委和政府每年应当对村党组织领导班子成员和村民委员会成员执行本规定的情况进行一次检查考核。

19.《关于党员领导干部述职述廉的暂行规定》

党员领导干部述职述廉工作是加强党员领导干部管理和监督的重要内容。2005 年 12 月 19 日，中共中央办公厅印发的《关于党员领导干部述职述廉的暂行规定》对地方党委在党员领导干部述职述廉中的相关工作提出了明确要求。**一是明确了组织实施的主体**。党委应当负责本地区本单位党员领导干部述职述廉工作的组织实施。**二是提出述职述廉的程序要求**。在述职述廉前，党委应当广泛征求干部群众对领导班子成员的意见，并由主要负责人如实反馈给本人，对领导班子主要负责人的意见，由上一级纪律检查机关和组织（人事）部门反馈。述职述廉前领导干部本人要通过谈心等形式，充分听取干部群众的意见。在本地区本单位的述职述廉工作结束后一个月内，党委将述职述廉工作总结报上一级党委，并分别抄送上一级纪律检查机关和组织（人事）部门。地方各级党委、纪委及党委工作部门的领导班子成员，人大常委会、政府、政协、人民法院、人民检察院及政府工作部门的党组（党委）成员，县级以上党委、政府派出机关、直属机构、办事机构、直属事业单位和工会、共青团、妇联等人民团体的领导班子中的党员干部、非中共党员领导干部，相当于上述级别的党组（党委）的领导班子成员在届中和换届前一年结合领导班子民主生活会进行述职述廉。**三是明确述职述廉的主要内容**。主要围绕学习贯彻邓小平理论、“三个代表”重要思想、科学发展观和党的路线方针政策情况，执行民主集中制情况，履行岗位职责和党风廉政建设责任情况，遵守廉洁从政规定情况，存在的突出问题和改正措施，其他需要说明的情况。**四是规定述职述廉的方式。**政府领导班子中担任两个以上领导职务的党员干部，应当分别在任职的领导班子的民主生活会上述职述廉。在县级以上党委、政府工作部门领导班子中担任两个以上领导职务的党员干部，可以在任主要领导职务的领导班子的民主生活会上述职述廉。

20.《地方党委委员、纪委委员开展党内询问和质询办法（试行）》

推动和规范党内询问和质询工作就要充分发挥党的地方委员会委员在党内监督中的作用。2007 年 4 月 22 日，中共中央办公厅印发的《地方党委委员、纪委委员开展党内询问和质询办法（试行）》对地方党委委员开展党内询问和质询工作作出了明确规定。**一是明确规定了询问和质询的主体和对象。**党委委员询问和质询的对象是所在党委的常委会、同级纪委、所在党委的工作部门、直属机构、派出机关、派出的巡视机构和所在党委批准成立的党组（党委）。纪委委员询问和质询的对象是所在纪委的常委会、派出机关、派驻机构。对常委会进行询问和质询时，可以要求询问和质询事项所涉及的相关党组织和有关部门参与说明、解释或者答复。**二是明确规定了询问和质询的方式和受理部门。**询问和质询应当以书面形式、实名方式提出，质询应以询问为前提。党委委员、纪委委员提出的询问和质询由本级党委、纪委办公厅（室）分别负责受理。对象为党委常委会或纪委常委会的，分别由上一级党委、纪委办公厅（室）受理。**三是明确了询问和质询的程序。**询问和质询的程序包括提起、受理、答复、处理四个阶段。党委委员、纪委委员填写《询问书》提出询问，并送受理部门。询问人对询问对象所作说明不满意或询问对象没在规定期限内作出说明的，可以自收到说明或者说明期满之日起填写《质询书》，提出质询。涉及多个对象的询问（质询）应分别填写，受理部门自受理之日起 15 个工作日内，对符合规定要件的询问（质询），将《询问书》(《质询书》) 送交询问（质询）对象并告知询问（质询）人；对不符合提出询问（质询）要件的，告知询问（质询）人，可以由其收回询问（质询）或者按规定要件重新提出询问（质询）。询问（质询）对象应当自收到受理部门送交的《询问书》(《质询书》) 之日起 20(30)个工作日内作出书面答复，由其党组织负责人署名后送受理部门。受理部门收到询问（质询）对象所作的书面答复后，在 5 个工作日内送交询问人(质询人)并留存备案。质询对象在规定期限内作出答复确有困难的，可以在到期日之前书面告知受理部门并说明理由，由受理部门决定是否予以适当延长，并将延长期限书面告知质询人。质询人对质询对象作出的书面解释或者答复仍不满意，或者质询对象未在规定期限内作出书面解释或答复的，质询人可以书面形式向党委常委会、纪委常委会提出或者向上一级党委、纪委反映。对质询人提出或反映的问题，党委常委会、纪委常委会或者上一级党委、纪委应当及时研究处理。

21.《干部选拔任用工作监督检查和责任追究办法》

规范干部选拔任用工作监督检查和责任追究是落实全面从严治党和从严管理干部的工作要求。2019 年 5 月 13 日，中共中央办公厅印发的《干部选拔任用工作监督检查和责任追究办法》对地方党委应当履行的工作职责作出了明确规定。**一是明确规定了地方党委的工作职责和领导责任。**党委（党组）应当按照职责权限，负责干部选拔任用工作的监督检查和责任追究。对违规选人用人问题，党委负全面领导责任，领导班子主要负责人和直接主管的班子成员承担主要领导责任，参与决策的领导班子其他成员承担领导责任。**二是明确了监督检查的重点内容。**包括坚持党管干部原则情况，坚持好干部标准和树立正确用人导向情况，执行干部选拔任用工作政策规定情况，遵守组织人事纪律和匡正选人用人风气情况，促进干部担当作为情况。**三是要求建立健全监督检查工作机制。**完善党委领导班子内部监督，党委研究干部任免事项，应当把酝酿贯穿始终，认真听取班子成员意见。会议讨论决定时，领导班子成员应当逐一发表意见，主要负责人最后表态。领导班子成员对人选意见分歧较大时，应当暂缓表决。不得以个别征求意见、领导圈阅等形式代替集体讨论决定。**四是要求进行任前事项报告。**上级组织（人事）部门接到干部选拔任用工作有关事项报告后，应当认真审核研究，并在15个工作日内予以答复。未经答复或者未经同意的人选不得提交党委会议讨论决定。未按照规定报告或者报告后未经同意作出的干部任用决定，应当予以纠正。**五是要求干部选拔任用工作“一报告两评议”。**党委每年应当结合全会或者领导班子和领导干部年度总结考核，报告干部选拔任用工作情况，接受对年度干部选拔任用工作和所提拔任用干部的民主评议。**六是突出责任追究。**在干部选拔任用工作中，若有民主集中制执行不到位，党委领导把关作用发挥不力，出现重大用人失察失误，产生恶劣影响；用人导向出现偏差，选人用人不正之风严重，干部不担当不作为问题突出，干部群众反映强烈；落实主体责任不到位，对选人用人问题和干部不担当不作为问题不处置、不整改、不问责，造成严重后果；维护和执行组织人事纪律不力，导致选人用人违规违纪行为多发，造成恶劣影响及其他应当追究的失职失责情形，应当追究党委及其主要负责人或者直接主管的领导班子成员、参与决策的领导班子其他成员的责任。领导干部和有关责任人员有本办法所列应当追究责任的情形，情节较轻的，给予批评教育、责令作出书面检查、通报或者诫勉处理；情节较重的，给予停职检查、调离岗位、限制提拔使用处理；情节严重的，应当引咎辞职或者给予责令辞职、免职、降职处理。应当给予纪律处分的，依照有关规定追究纪律责任。涉嫌违法犯罪的，移送有关国家机关依法处理。对违规选人用人问题，党委负全面领导责任。党委有本办法所列应当追究责任的情形，情节较轻的，责令作出书面检查；情节较重的，责令整改并在一定范围内通报；情节严重、本身又不能纠正的，应当予以改组。

四、贯彻落实中央决策部署[①]

22.《党政机关厉行节约反对浪费条例》

艰苦奋斗、勤俭节约是中华民族的传统美德，是我们党的优良作风，是党政机关清廉形象的重要体现。中央历来强调，各级党政机关要大兴艰苦奋斗之风，带头厉行勤俭节约、反对铺张浪费。2013 年 11 月 18 日，中共中央、国务院印发的《党政机关厉行节约反对浪费条例》明确规定各级党委应当加强对厉行节约反对浪费工作的组织领导，应当建立厉行节约反对浪费监督检查机制，加强经常性督促检查，针对突出问题开展重点检查、暗访等专项活动。下级党委每年向上级党委报告本地区厉行节约反对浪费工作情况，党委所属部门每年向本级党委报告本部门厉行节约反对浪费工作情况。报告可结合领导班子年度考核和工作报告一并进行。

23.《法治政府建设与责任落实督察工作规定》

加强法治政府建设，就要充分发挥督察工作对法治政府建设与责任落实的督促推动作用。2019 年 4 月 15 日，中共中央办公厅、国务院办公厅印

① 涉及的党内法规还包括：《中国共产党纪律检查机关监督执纪工作规则》明确党委（党组）在党内监督中履行主体责任。《关于严禁在历史建筑、公园等公共资源中设立私人会所的暂行规定》明确地方各级党委应当切实加强领导，健全管理体制和工作机制，明确职能职责，搞好统筹协调，研究解决问题，制定政策措施，坚决防止和纠正侵占历史建筑、公园等公共资源的问题。

发的《法治政府建设与责任落实督察工作规定》对地方各级党委推进法治政府建设与责任落实情况的督察工作作出了明确规定。**一是明确了主要职责。**地方各级党委应当履行推进本地区法治建设领导职责，加强法治政府建设；地方党政主要负责人应当履行推进法治建设第一责任人职责，将建设法治政府摆在工作全局的重要位置；地方各级党政领导班子其他成员应当在其分管工作范围内履行推进法治政府建设职责。**二是明确了督察对象和内容。**督察单位主要督察地方党委以下工作：学习贯彻习近平新时代中国特色社会主义思想，落实关于法治政府建设的决策部署，研究解决有关重大问题，每年专题听取上一年度本地区法治政府建设情况汇报；将法治政府建设纳入本地区经济社会发展总体规划和年度工作计划；运用法治思维和法治方式深化改革、推动发展、化解矛盾、维护稳定，指导本级政府推进法治政府建设工作，支持本级人大、政协、法院、检察院对政府依法行政工作加强监督；重视法治素养和法治能力的用人导向，加强法治工作队伍建设；建立党委理论学习中心组集体学法制度，每年至少举办 2 次法治专题讲座，加强对党委工作人员的教育培训和考查测试；其他依法依规应当履行的法治政府建设有关职责。

24.《健全落实社会治安综合治理领导责任制规定》

推进社会治安综合治理，对推进平安中国建设，确保人民安居乐业、社会安定有序、国家长治久安具有重要意义。2016 年 2 月 27 日，中共中央办公厅、国务院办公厅印发的《健全落实社会治安综合治理领导责任制规定》对地方党委健全落实社会治安综合治理领导责任作出了明确规定。**一是明确了责任内容。**各级党委和政府应当切实加强对社会治安综合治理的领导，列入重要议事日程，纳入经济社会发展总体规划。各地党政主要负责同志是社会治安综合治理的第一责任人，社会治安综合治理的分管负责同志是直接责任人，领导班子其他成员承担分管工作范围内社会治安综合治理的责任。**二是强调了督促检查。**各地区、各部门、各单位应当建立完善社会治安综合治理目标管理责任制，把社会治安综合治理各项任务分解为若干具体目标，制定易于执行检查的措施。建立严格的督促检查制度，定量考核制度，评价奖惩制度，自上而下层层签订社会治安综合治理责任书。各级党委常委会应当将社会治安综合治理领导责任制的情况，作为向同级党的委员会全体会议报告工作的一次重要内容。各级党政领导班子和有关领导干部将履行社会治安综合治理责任情况作为年度述职报告的重要内容。各级党委和政府将社会治安综合治理纳入工作督促检查范围，适时开展专项督促检查。各级党委和政府制定考核评价标准和指标体系，强化考核评价结果运用，把工作实绩作为对领导班子和领导干部综合考核评价的重要内容，与业绩评定、职务晋升、奖励惩处等挂钩。**三是突出责任督导和追究。**党政领导班子、领导干部违反本规定或者未能正确履行本规定所列职责的，应当进行责任督导和追究。对党政领导班子、领导干部进行责任督导和追究的方式包括：通报、约谈、挂牌督办、实施一票否决、引咎辞职、责令辞职、免职等。因违纪违法应当承担责任的，给予党纪政纪处分；构成犯罪的，依法追究刑事责任。

25.《地方党政领导干部安全生产责任制规定》

加强对安全生产工作的领导，是地方各级党委和政府的重要工作职责。2018 年 4 月 8 日，中共中央办公厅、国务院办公厅印发的《地方党政领导干部安全生产责任制规定》明确要求地方各级党委应当领导安全生产工作，并实行地方党政领导干部安全生产责任制。**一是明确了主要职责。**地方各级党委和政府主要负责人是本地区安全生产第一责任人。地方各级党委主要负责人、县级以上地方各级政府主要负责人，以及县级以上地方各级政府其他领导干部按照规定履行职责，地方党委领导班子中分管安全生产的领导干部按照规定负领导责任，地方各级党委常委会其他成员按照职责分工承担支持保障责任，对分管行业（领域）、部门（单位）的安全生产工作负领导责任。**二是明确了考核考察内容。**开展巡查，应当加强对下级党委和政府的安全生产巡查，把地方各级党政领导干部落实安全生产责任情况纳入党委和政府督查督办重要内容，一并进行督促检查，进行考核，对下级党委安全生产工作情况进行全面评价，将考核结果与有关地方党政领导干部履职评定挂钩；在年度考核、目标责任考核、绩效考核及其他考核中，应当考核地方党政领导干部落实安全生产责任情况，并作为确定考核结果的重要参考。实行安全生产责任考核情况公开制度。定期公布或通报地方党政领导干部安全生产工作考核结果。**三是明确了表彰奖励办法。**对在加强安全生产工作、承担安全生产专项重要工作、参加抢险救护等方面作出显著成绩和重要贡献的地方党政领导干部，上级党委应当按照有关规定给予表彰奖励；对在安全生产工作考核中成绩优秀的地方党政领导干部，上级党委和政府应当按照有关规定给予记功或嘉奖。**四是明确问责情形、方式和举措。**地方党政领导干部被问责的情形包括以下五种：履行本规定第二章所规定职责不到位的；阻挠、干涉安全生产监管执法或者生产安全事故调查处理工作的；对迟报、漏报、谎报或者瞒报生产安全事故负有领导责任的；对发生生产安全事故负有领导责任的；有其他应当问责情形的。问责方式有通报、诫勉、停职检查、调整职务、责令辞职、降职、免职或者处分等，涉嫌职务违法犯罪的，由监察机关依法调查处置。问责举措有“一票否决”、从重追究责任、从轻、减轻追究责任、不予追究相关地方党政领导干部的领导责任、终身问责。

26.《地方党政领导干部食品安全责任制规定》

保障人民群众“舌尖上的安全”就要进一步落实食品安全党政同责要求，强化食品安全属地管理责任和健全食品安全工作责任制。2019 年 2 月 5 日，中共中央办公厅、国务院办公厅印发的《地方党政领导干部食品安全责任制规定》明确要求地方各级党委应当对本地区食品安全工作负总责，实行地方党政领导干部食品安全责任制。**一是明确了责任主体。**地方各级党委和政府主要负责人是本地区食品安全工作第一责任人，地方各级党委主要负责人应当履行本规定要求的六个方面职责。地方党委和政府班子其他成员应当对分管（含协管、联系）行业或者领域内的食品安全工作负责。地方各级党委常委会其他委员应当按照职责分工，加强对分管行业或者领域内食品安全相关工作的领导，协助党委主要负责人，统筹推进分管行业或者领域内食品安全相关工作，督促指导相关部门依法履行工作职责，及时研究解决分管行业或者领域内食品安全相关工作问题。地方各级政府分管食品安全工作负责人应当加强对本地区食品安全监管工作的领导，具体负责组织本地区食品安全监管工作。地方各级政府领导班子其他成员加强对分管行业或者领域内食品安全相关工作的领导，协助政府主要负责人，统筹推进分管行业或者领域内食品安全相关工作，督促指导相关部门依法履行工作职责，及时研究解决分管行业或者领域内食品安全相关工作问题。**二是明确了考核监督**。各级地方党委应当对落实食品安全重大部署、重点工作情况进行跟踪督办；结合巡视巡察工作安排，对地方党政领导干部履行食品安全工作职责情况进行检查；充分发挥评议考核"指挥棒"作用，推动地方党政领导干部落实食品安全工作责任；跟踪督办、履职检查、评议考核结果作为地方党政领导干部考核、奖惩和使用、调整的重要参考。**三是明确了表彰奖励**。表彰奖励的情形有以下四种：及时有效组织预防食品安全事故和消除重大食品安全风险隐患，使国家和人民群众利益免受重大损失的；在食品安全工作中有重大创新并取得显著成效的；连续在食品安全工作评议考核中成绩优秀的；作出其他突出贡献的。**四是明确了责任追究**。地方党政领导干部涉嫌职务违法犯罪的，由监察机关依法调查处置。地方党政领导干部应当及时报告失职行为并主动采取补救措施，有效预防或者减少食品安全事故重大损失、挽回社会严重不良影响，或者积极配合问责调查，并主动承担责任的，按照有关规定从轻、减轻追究责任。对工作不力导致重大或者特别重大食品安全事故，或者造成严重不良影响的，应当从重追究责任。

27.《防范和惩治统计造假、弄虚作假督察工作规定》

防范和惩治统计造假、弄虚作假对构建防范和惩治统计造假、弄虚作假督察机制，推动各地区各部门严格执行统计法律法规，确保统计数据真实准确具有重要意义。2018 年 8 月 24 日，中共中央办公厅、国务院办公厅印发的《防范和惩治统计造假、弄虚作假督察工作规定》对地方党委的督察工作作出了明确规定。**一是明确了统计督察的对象。**统计督察对象必要时可延伸至市级党委主要负责同志和与统计工作相关的领导班子成员。**二是明确了统计督察的内容。**包括贯彻落实关于统计改革发展各项决策部署，履行统计法定职责，应当遵守执行统计法律法规，严守统计法律底线，依法设立统计机构，维护统计机构和人员依法行使统计职权，保障工作条件，支持统计活动依法开展等情况；建立防范和惩治统计造假、弄虚作假责任制；应当督察的其他情况。**三是对被督察地区、部门提出了工作要求。**被督察地区、部门收到统计督察组反馈意见后，对存在的问题整改落实，并在 3 个月内将整改情况反馈国家统计局；被督察地区、部门应当支持配合统计督察工作，被督察地区、部门领导班子成员应当自觉接受统计督察监督，积极配合统计督察组开展工作；被督察地区、部门及其工作人员违反规定不支持配合甚至拒绝、阻碍和干扰统计督察工作的，应当视为包庇、纵容统计违纪违法行为，依照有关规定严肃处理。

28.《中央生态环境保护督察工作规定》

推进生态文明建设，建设美丽中国，要求加强对生态环境保护督察。2019 年 6 月 6 日，中共中央办公厅、国务院办公厅印发的《中央生态环境保护督察工作规定》明确要求中央生态环境保护例行督察的督察对象，可以下沉至有关地市级党委及其有关部门。**一是对被督察对象整改落实提出要求。**被督察对象应当按照督察报告制定督察整改方案，在规定时限内报党中央、国务院；按照督察整改方案要求抓好整改落实工作，并在规定时限内向党中央、国务院报送督察整改落实情况。**二是对被督察对象提出纪律要求。**被督察对象应当自觉接受中央生态环境保护督察，积极配合中央生态环境保护督察组开展工作，如实向督察组反映情况和问题。被督察对象被追责情形：故意提供虚假情况，隐瞒、歪曲、捏造事实的；拒绝、故意拖延或者不按照要求提供相关资料的；指使、强令有关单位或者人员干扰、阻挠督察工作的；拒不配合现场检查或者调查取证的；无正当理由拒不纠正存在的问题，或者不按照要求推进整改落实的；对反映情况的干部群众进行打击、报复、陷害的；采取集中停工停产停业等“一刀切”方式应对督察的；其他干扰、抵制中央生态环境保护督察工作的情形。被督察对象及其工作人员有上述情形，视情节轻重，对其党政领导班子主要负责人或者其他有关责任人，依纪依法给予批评教育、组织处理或者党纪处分、政务处分；涉嫌犯罪的，按照有关规定移送监察机关或者司法机关依法处理。地市级及以下地方党委应当依规依法加强对下级党委及其有关部门生态环境保护工作的监督。

29.《生态文明建设目标评价考核办法》

加快绿色发展，推进生态文明建设，要求我们不断规范生态文明建设目标评价考核工作。2016 年 12 月 2 日，中共中央办公厅、国务院办公厅印发的《生态文明建设目标评价考核办法》对地方党委规范生态文明建设目标评价考核工作作出了明确规定。**一是明确了主要责任。**生态文明建设目标评价考核实行党政同责，地方党委和政府领导成员生态文明建设一岗双责，按照客观公正、科学规范、突出重点、注重实效、奖惩并举的原则进行。**二是明确了考核结果的运用及奖惩。**考核报告经党中央、国务院审定后向社会公布，考核结果应当作为各省、自治区、直辖市党政领导班子和领导干部综合考核评价、干部奖惩任免的重要依据。对考核等级为优秀、生态文明建设工作成效突出的地区，给予通报表扬；对考核等级为不合格的地区，进行通报批评，并约谈其党政主要负责人，提出限期整改要求；对生态环境损害明显、责任事件多发地区的党政主要负责人和相关负责人（含已经调离、提拔、退休的），按照《党政领导干部生态环境损害责任追究办法（试行）》等规定，进行责任追究。**三是明确了评价及考核重点。**生态文明建设目标评价考核实行党政同责，地方党委和政府领导成员生态文明建设一岗双责，按照客观公正、科学规范、突出重点、注重实效、奖惩并举的原则进行。生态文明建设目标评价考核在资源环境生态领域有关专项考核的基础上综合开展，采取评价和考核相结合的方式，实行年度评价、五年考核。评价重点评估各地区上一年度生态文明建设进展总体情况，引导各地区落实生态文明建设相关工作，每年开展 1 次。考核主要考查各地区生态文明建设重点目标任务完成情况，强化省级党委和政府生态文明建设的主体责任，督促各地区自觉推进生态文明建设，每个五年规划期结束后开展 1 次。**四是明确考核组织实施。**生态文明建设目标考核（以下简称目标考核）工作由国家发展改革委、环境保护部、中央组织部牵头，会同财政部、国土资源部、水利部、农业部、国家统计局、国家林业局、国家海洋局等部门组织实施。目标考核在五年规划期结束后的次年开展，并于 9 月底前完成。各省、自治区、直辖市党委和政府应当对照考核目标体系开展自查，在五年规划期结束次年的 6 月底前，向党中央、国务院报送生态文明建设目标任务完成情况自查报告，并抄送考核牵头部门。资源环境生态领域有关专项考核的实施部门应当在五年规划期结束次年的 6 月底前，将五年专项考核结果送考核牵头部门。国家发展改革委、环境保护部、中央组织部会同国家统计局等部门建立生态文明建设目标评价考核部际协作机制，研究评价考核工作重大问题，提出考核等级划分、考核结果处理等建议，讨论形成考核报告，报请党中央、国务院审定。

30.《党政领导干部生态环境损害责任追究办法（试行）》

强化党政领导干部生态环境和资源保护职责，有利于加快推进生态文明建设和健全生态文明制度体系。2015 年 8 月 9 日，中共中央办公厅、国务院办公厅印发的《党政领导干部生态环境损害责任追究办法（试行）》对地方党委强化党政领导干部生态环境和资源保护职责作出了明确规定。**一是明确了地方党委及其领导在生态环境损害中应当承担的责任。**地方各级党委和政府应当对本地区生态环境和资源保护负总责，党委和政府主要领导成员承担主要责任，其他有关领导成员在职责范围内承担相应责任。中央和国家机关有关工作部门、地方各级党委和政府的有关工作部门及其有关机构领导人员按照职责分别承担相应责任。**二是明确了应当追究地方党委和政府主要领导成员责任的情形。**若有贯彻落实中央关于生态文明建设的决策部署不力，致使本地区生态环境和资源问题突出或者任期内生态环境状况明显恶化；作出的决策与生态环境和资源方面政策、法律法规相违背；违反主体功能区定位或者突破资源环境生态红线、城镇开发边界，不顾资源环境承载能力盲目决策造成严重后果；作出的决策严重违反城乡、土地利用、生态环境保护等规划；地区和部门之间在生态环境和资源保护协作方面推诿扯皮，主要领导成员不担当、不作为，造成严重后果；本地区发生主要领导成员职责范围内的严重环境污染和生态破坏事件，或者对严重环境污染和生态破坏（灾害）事件处置不力；对公益诉讼裁决和资源环境保护督察整改要求执行不力或其他应当追究责任的情形，应当追究相关地方党委和政府主要领导成员的责任。**三是明确了应当追究地方党委和政府有关领导成员责任的情形。**若有指使、授意或者放任分管部门对不符合主体功能区定位或者生态环境和资源方面政策、法律法规的建设项目审批（核准）、建设或者投产（使用）；对分管部门违反生态环境和资源方面政策、法律法规行为监管失察、制止不力甚至包庇纵容；未正确履行职责，导致应当依法由政府责令停业、关闭的严重污染环境的企业事业单位或者其他生产经营者未停业、关闭；对严重环境污染和生态破坏事件组织查处不力的及其他应当追究责任的情形，应当追究相关地方党委和政府有关领导成员的责任。**四是明确了应当追究党政领导干部责任的情形。**若有限制、干扰、阻碍生态环境和资源监管执法工作；干预司法活动，插手生态环境和资源方面具体司法案件处理；干预、插手建设项目，致使不符合生态环境和资源方面政策、法律法规的建设项目得以审批（核准）、建设或者投产（使用）；指使篡改、伪造生态环境和资源方面调查和监测数据及其他应当追究责任的情形，应当追究党政领导干部责任。**五是明确了对党政领导干部生态环境损害责任追究形式。**主要有以下几种情形：诫勉、责令公开道歉；组织处理，包括调离岗位、引咎辞职、责令辞职、免职、降职等；党纪政纪处分。组织处理和党纪政纪处分可以单独使用，也可以同时使用。追责对象涉嫌犯罪的，应当及时移送司法机关依法处理。受到责任追究的党政领导干部，取消当年年度考核评优和评选各类先进的资格。受到调离岗位处理的，至少一年内不得提拔；单独受到引咎辞职、责令辞职和免职处理的，至少一年内不得安排职务，至少两年内不得担任高于原任职务层次的职务；受到降职处理的，至少两年内不得提升职务。同时受到党纪政纪处分和组织处理的，按照影响期长的规定执行。

31.《信访工作责任制实施办法》

加强信访工作，可以从源头上预防和减少信访问题发生，推动信访问题及时就地解决，依法维护群众合法权益和促进社会和谐稳定。2016 年 10 月 8 日，中共中央办公厅、国务院办公厅印发的《信访工作责任制实施办法》明确要求，地方各级党委和政府在预防和处理本地区信访问题中负有主体责任，应当加强矛盾纠纷排查化解和信访风险防控预警，针对具体问题明确责任归属，协调督促有关责任部门和单位依法、及时、就地解决，并加强对信访群众的疏导教育。

五、动员、组织所属党组织和广大党员，团结带领群众实现党的目标任务

32.《中国共产党党和国家机关基层组织工作条例》

做好党和国家机关基层组织工作，对于全面提高机关党的建设质量，充分发挥机关基层党组织作用，推动机关治理和各项事业发展具有重要意义。2019 年 11 月 29 日，中共中央修订的《中国共产党党和国家机关基层组织工作条例》明确规定了上级党的委员会或者党的机关工作委员会和本单位党组（党委）（包括不设党组、党委的单位领导班子）领导机关基层党组织工作。地方各级党委常委会每年至少听取 1 次党的机关工作委员会的工作汇报。按照有关规定，党的机关工作委员会书记每年向同级党委述职，机关基层党组织书记每年向上级党组织述职，接受评议考核。

33.《中国共产党国有企业基层组织工作条例（试行）》

国有企业是中国特色社会主义的重要物质基础和政治基础，是党执政兴国的重要支柱和依靠力量。2019 年 12 月 30 日，中共中央印发的《中国共产党国有企业基层组织工作条例（试行）》要求各级党委要从巩固党的执政基础的高度出发，把国有企业党的建设作为管党治党的重要任务抓紧抓好，采取有力措施，强化责任落实，推动《条例》落到实处、见到实效。《条例》明确指出，在领导和保障方面，各级党委应当把国有企业党的建设纳入整体工作部署和党的建设总体规划，中央组织部负责全国国有企业党的建设工作的宏观指导。国有企业党委要按照有利于加强党的工作和精干高

效协调原则，根据实际需要设立办公室、组织部、宣传部等工作机构，有关机构可以与企业职能相近的管理部门合署办公。

34.《中国共产党农村基层组织工作条例》

做好农村基层组织工作，对于加强党对农村工作的领导，加强和改进党的农村基层组织建设，夯实党在农村的执政基础具有重要作用。2018 年 12 月 28 日，中共中央印发的《中国共产党农村基层组织工作条例》对地方党委在农村基层组织工作中的相关职责作出了明确规定。**一是明确了责任主体。**各级党委特别是县级党委应当高度重视党的农村基层组织建设，认真履行主体责任。**二是明确了各级党委职责及追责。**党的农村基层组织建设情况应当作为市县乡党委书记抓基层党建述职评议考核的重要内容，纳入巡视巡察工作内容，作为领导班子综合评价和领导干部选拔任用的重要依据。县级党委组织部门应当以足够精力抓好党的农村基层组织建设。对党的农村基层组织建设重视不够、落实不力的，应当及时提醒、约谈；出现严重问题的，应当严肃问责追责。督促抓好问题的整改落实。**三是明确乡镇党委的直接责任。**各级党委特别是县级党委应当坚持抓乡促村，持续加强基本队伍、基本活动、基本阵地、基本制度、基本保障建设，整顿软弱涣散村党组织，整乡推进、整县提升。乡镇党委应当全面落实抓村级组织建设的直接责任。乡镇党委书记和党委领导班子其他成员应当包村联户，经常沉下去摸情况、查问题，及时研究解决。**四是明确了机构设置和人员配备。**乡镇工作机构设置和人员配备，应当坚持加强服务、密切联系群众、治理重心下移的原则，构建权责相称、简约高效的基层管理体制，保证乡镇工作力量。乡镇应当设立党建工作办公室或者党建工作站，配备专职组织员，配强党务力量。加强乡镇小食堂、小厕所、小澡堂、小图书室、小文体活动室和周转房建设，改善乡镇干部工作和生活条件。**五是要求健全经费保障。**各级党委应当健全以财政投入为主的稳定的村级组织运转经费保障制度，建立正常增长机制。落实村干部基本报酬，发放人数和标准应当依据有关规定、从实际出发合理确定，保障正常离任村干部生活补贴。落实村级组织办公经费、服务群众经费、党员活动经费。建好管好用好村级组织活动场所，整合利用各类资源，规范标识、挂牌，发挥“一室多用”的综合功能，服务凝聚群众，教育引导群众。**六是要求各级党组织应当满怀热情关心关爱农村基层干部和党员。**政治上激励、工作上支持、待遇上保障、心理上关怀，宣传表彰优秀农村基层干部先进典型，彰显榜样力量，激励新担当新作为。

党的工作机关执行的中央党内法规

一、党的工作机关制度

1.《中国共产党工作机关条例（试行）》

党的工作机关是党实施政治、思想和组织领导的政治机关，是落实党中央和地方各级党委决策部署，实施党的领导、加强党的建设、推进党的事业的执行机关，在革命、建设、改革各个时期都发挥了重要作用。新的历史条件下，我们党要更好进行具有许多新的历史特点的伟大斗争，推进党的建设新的伟大工程，推进中国特色社会主义伟大事业，必须进一步加强和规范党的工作机关工作。2017 年 4 月 12 日，中共中央印发的《中国共产党工作机关条例（试行）》是规范党的工作机关设立、职责和运行的基础主干党内法规，是继党组工作条例、地方党委工作条例之后，加强党的组织制度建设的又一重要成果，对于夯实党执政治国的组织制度基础，推进国家治理体系和治理能力现代化，提高党的领导水平和执政水平具有重要意义。

《条例》共 6 章 30 条，分别从党的工作机关的设立、职责、决策与执行、监督与追责等方面作出了规定。**一是规定了党的工作机关的职责。**包括坚决贯彻落实党的理论和路线方针政策以及党委决策部署，确保政令畅通；研究部署职责范围内的工作，按照规定制发党内法规和规范性文件，抓好组织实施和督促落实；当好党委参谋助手，及时报告有关情况、反映问题、提出意见建议，为党委决策提供服务；抓好机关党的建设工作，加强对本单位群团工作的领导；承办党委和上级工作机关交办的有关事项。**二是明确了党的工作机关的设立要求。**党的工作机关的设立，应当适应加强党的领导和党的建设的需要，遵循精简、统一、效能原则，实行总量控制和限额管理。根据工作需要，党的工作机关可以与职责相近的国家机关等合并设立或者合署办公。合并设立或者合署办公仍由党委主管。严格控制议事协调机构常设办事机构的设立。议事协调机构负责的事项，可以交由现有工作机关牵头协调或者建立协调配合机制解决的，不另设常设办事机构。**三是强调了党委办公厅（室）和职能部门的工作内容。**党委办公厅（室）是党委的综合部门，负责推动党委决策部署的落实，按照党委要求协调有关方面开展工作，承担党委运行保障具体事务。党委职能部门是负责党委某一方面工作的主管部门，按照规定行使相对独立的管理职能，制定相关政策法规并组织实施，协调指导本系统、本领域工作。**四是明确了党的工作机关的决策与执行程序。**党的工作机关必须坚持民主集中制，领导班子实行集体领导和个人分工负责相结合的制度。凡属本机关重大事项，应当按照集体领导、民主集中、个别酝酿、会议决定的原则，由领导班子集体研究决定。**五是规定了监督与追责。**党的工作机关接受党委的全面监督，每年至少向党委作 1 次全面工作情况报告，遇有重要情况及时请示报告。执行党中央和上级党组织某项重要指示和决定的情况，应当进行专题报告。对党的工作机关作出的不适当决定，本级党委或者上级党的工作机关有权撤销或者变更。党的工作机关应当自觉接受党的纪律检查机关及其派驻机构、党委直属机关纪工委以及机关纪委的监督。

2.《中国共产党党和国家机关基层组织工作条例》

做好党和国家机关基层组织工作，对于全面提高机关党的建设质量，充分发挥机关基层党组织作用，推动机关治理和各项事业发展具有重要意义。2019 年 11 月 29 日，中共中央修订的《中国共产党党和国家机关基层组织工作条例》明确规定了机关基层党组织的各项职责任务。**一是明确了领导责任。**机关党建工作在各级党委领导下，由同级党的机关工作委员会统一领导、单位党组（党委）具体领导和管理，有关部门各负其责、密切配合，形成工作合力。党的机关工作委员会统一领导所属机关党的工作，指导督促各单位党组（党委）落实机关党建主体责任。定期对各单位党组（党委）、机关基层党组织、党员领导干部落实机关党建工作责任制、机关党建重点工作和重要制度情况进行督查，及时向同级党委报告有关情况。机关纪检监察工作委员会作为同级纪委监委的派出机构，在同级纪委监委、党的机关工作委员会双重领导下，领导各单位机关党的纪律检查委员会工作。**二是明确了审批职责。**机关党的基层委员会（含不设党的基层委员会的总支部委员会、支部委员会）的设置调整、换届、委员会组成以及机关党的纪律检查委员会的组成，书记、副书记的任免等，应当经党组（党委）讨论决定后，报党的机关工作委员会审批。机关党的基层委员会审批预备党员或者预备党员转正，应当提前报党组（党委）讨论决定。机关不设党的基层委员会的总支部委员会、支部委员会接收预备党员或者讨论预备党员转正，应当经党组（党委）审核把关后，报党的机关工作委员会审批。党组（党委）按照干部管理权限，讨论决定处分党员有关事项，在作出党纪处分决定前应当与派驻纪检监察组交换意见。处分决定生效后，有关处分决定和材料应当按照要求报机关纪检监察工作委员会备案。**三是明确了述职和考核工作。**开展党组织书记抓基层党建述职评议考核工作。按照有关规定，党的机关工作委员会书记每年向同级党委述职，机关基层党组织书记每年向上级党组织述职，接受评议考核。

二、党委职能部门的法规制度

（一）组织工作

3.《党政领导干部选拔任用工作条例》

党的十八大以来，以习近平同志为核心的党中央鲜明提出新时期好干部标准，进一步强化党组织领导和把关作用，完善选人用人制度机制，严把选人用人政治关、品行关、能力关、作风关、廉洁关，坚决匡正选人用人风气，推动选人用人工作取得显著成效、发生重大变化。为适应新形势新任务需要，2019 年 3 月 3 日，中共中央印发了修订后的《党政领导干部选拔任用工作条例》。《条例》体现了中央对干部工作的新精神新要求，吸收了干部人事制度改革的新经验新成果，根据新形势新任务对干部选拔任用制度进行了改进完善，这是做好党政领导干部选拔任用工作的基本遵循。《条例》对建设高素质的党政领导干部队伍，保证党的理论、路线、方针、政策全面贯彻执行和中国特色社会主义事业顺利发展，具有十分重要的意义。

《条例》共 12 章 69 条，分别从总则、选拔任用条件、分析研判和动议、民主推荐、考察、讨论决定、任职、依法推荐和民主协商、交流、回避、免职、辞职、降职、纪律和监督等方面对党政领导干部选拔任用工作作出规定。**一是明确规定党委（党组）及其组织（人事）部门要切实发挥把关作用。**党委（党组）讨论决定干部任免事项，必须有三分之二以上成员到会，并保证与会成员有足够时间听取情况介绍、充分发表意见。与会成员对任免事项，应当逐一发表同意、不同意或者缓议等明确意见，党委（党组）主要负责人应当最后表态。在充分讨论的基础上，采取口头表决、举手表决或者无记名投票等方式进行表决。意见分歧较大时，暂缓进行表决。党委（党组）有关干部任免的决定，需要复议的，应当经党委（党组）超过半数成员同意后方可进行。需要报上级党委（党组）审批的拟提拔任职的干部，必须呈报党委（党组）请示并附干部任免审批表、干部考察材料、本人干部人事档案和党委（党组）会议纪要、讨论记录、民主推荐情况等材料。上级组织（人事）部门对呈报的材料应当严格审查。需要报上级备案的干部，应当按照规定及时向上级组织（人事）部门备案。**二是强化了干部选拔任用的政治标准和政治要求。**党政领导干部必须信念坚定、为民服务、勤政务实、敢于担当、清正廉洁，要自觉坚持以习近平新时代中国特色社会主义思想为指导、牢固树立“四个意识”、坚定“四个自信”、坚决做到“两个维护”；在考察中要突出政治标准，注重了解政治理论学习情况，深入考察政治忠诚、政治定力、政治担当、政治能力、政治自律等方面的情况等；对于违反政治纪律和政治规矩的不得列为考察对象。**三是规定把从严要求贯穿干部选拔任用工作全过程。**考察党政领导职务拟任人选，应当听取考察对象所在单位组织（人事）部门、纪检监察机关、机关党组织的意见，根据需要可以听取巡视巡察机构、审计机关和其他相关部门意见。组织（人事）部门必须严格审核考察对象的干部人事档案，查核个人有关事项报告；考察对象呈报单位或者所在单位党委（党组）必须就考察对象廉洁自律情况提出结论性意见，并由党委（党组）书记、纪委书记（纪检监察组组长）签字；考察党政领导职务拟任人选，必须形成书面考察材料，建立考察文书档案；党委（党组）或者组织（人事）部门选派具有较高素质的人员组建考察组，考察组由两名以上成员组成，履行干部选拔任用风气监督职责。党委（党组）及其组织（人事）部门讨论干部任免，涉及与会人员本人及其亲属的，本人必须回避。干部考察组成员在干部考察工作中涉及其亲属的，本人必须回避。党政领导职务拟任人选出现没有按照规定进行民主推荐、考察的；拟任人选所在单位党委（党组）对廉洁自律情况没有作出结论性意见的，或者纪检监察机关未反馈意见的，或者纪检监察机关有不同意见的；个人有关事项报告未查核或者经查核存疑尚未查清的等八种情况，不得提交会议讨论。

4.《干部教育培训工作条例》

干部教育培训是建设高素质干部队伍的先导性、基础性、战略性工程，在推进中国特色社会主义伟大事业和党的建设新的伟大工程中具有不可替代的重要作用。2015 年 10 月 14 日，中共中央印发的《干部教育培训工作条例》对贯彻落实党的十八大和十八届三中、四中全会精神，贯彻落实习近平总书记系列重要讲话精神，培养造就信念坚定、为民服务、勤政务实、敢于担当、清正廉洁的好干部，推动学习型、服务型、创新型马克思主义执政党建设和学习型社会建设，推进国家治理体系和治理能力现代化，具有十分重要的意义。

《条例》共 9 章 62 条，分别从管理体制、教育培训对象、教育培训内容、教育培训方式方法、考核与评估等方面对干部教育培训作出了规定。**一是健全了管理体制。**地方各级党委领导本地区干部教育培训工作，贯彻执行党和国家干部教育培训工作的方针政策，要把干部教育培训工作纳入本地区经济社会发展规划，统筹研究部署。干部所在单位应当按照干部管理权限，负责组织实施本单位的干部教育培训工作，垂直管理部门的干部教育培训工作由部门负责，双重管理单位的干部教育培训工作由主管方负责，经协商，也可以由协管方负责。**二是明确了教育培训对象。**干部教育培训的对象是全体干部，重点是县处级以上党政领导干部和优秀中青年干部，干部应当根据不同情况参加相应的教育培训。**三是规定了教育培训内容。**干部教育培训的内容主要包括政治理论教育、党性教育、政策法规教育、总体国家安全观教育、科学人文素养教育和业务知识培训。**四是规定了教育培训方式方法。**干部教育培训要以脱产培训、党委（党组）中心组学习、网络培训、在职自学等多种方式进行，并根据内容要求和干部特点，综合运用多种教学方法，积极引导和支持干部教育培训方式方法创新。**五是加强干部教育**

培训机构建设。干部教育培训工作应当加强干部教育培训机构建设，构建分工明确、优势互补、布局合理、竞争有序的干部教育培训机构体系。党校、行政学院、干部学院和社会主义学院应当坚持功能定位，突出办学特色，按照职能分工开展干部教育培训工作。培训要实行干部教育培训机构准入制度和干部教育培训项目管理制度。**六是明确了师资、课程、教材和经费保障**。在师资队伍建设方面，从事干部教育培训工作的教师，必须具备胜任教学、科研工作的能力，不得违反讲坛纪律。加强师资队伍建设可以通过实行专职教师职务聘任和竞争上岗制度等方式进行；在课程建设方面，要建立完善干部教育培训课程开发和更新机制，加强精品课程建设；在教材体系建设方面，要逐步建立开放的、形式多样的、具有时代特色的干部教育培训教材体系；在经费保障方面，干部教育培训经费要列入各级政府年度财政预算，保证干部教育培训工作需要。**七是规定了考核和评估机制**。要建立干部教育培训考核和激励机制，干部教育培训考核应当区分不同教育培训方式分别实施，组织（人事）部门在干部年度考核、任用考察时，应当将干部接受教育培训情况作为一项重要内容。干部教育培训管理部门负责对干部教育培训机构进行评估，也可以委托干部教育培训管理部门认可的机构进行评估。

5.《党政领导干部考核工作条例》

干部考核是坚持和加强党的全面领导、推动党中央决策部署贯彻落实的重要举措，是激励干部担当作为、促进事业发展的重要抓手。2019 年 4 月 7 日，中共中央办公厅印发的《党政领导干部考核工作条例》以习近平新时代中国特色社会主义思想为指导，落实新时代党的建设总要求和新时代党的组织路线，为做好新时代干部考核工作提供了基本遵循。《条例》的颁布实施，对于进一步发挥干部考核的指挥棒、风向标、助推器作用，激励引导广大干部以更好的状态、更实的作风贯彻落实党中央决策部署，推动全党统一意志、统一行动、步调一致前进，具有重要意义。

《条例》共11章57条，分别从考核内容、平时考核、年度考核、专项考核、任期考核、考核结果确定、考核结果运用、组织实施、纪律与监督等方面作出规定。**一是明确了主要职责。**组织人事部门按照干部管理权限，履行考核领导班子和领导干部的职责，承担具体工作责任。**二是明确了考核的内容。**对领导班子的考核内容包括政治思想建设、领导能力、工作实绩、党风廉政建设和作风建设五个方面；对各级党委（党组）领导班子考核中要注重考核落实新时代党的建设总要求、抓党建工作的实绩；对领导干部考核内容包括德、能、勤、绩、廉。考核党委（党组）书记的工作实绩，首先看抓党建工作的成效，考核领导班子其他党员领导干部的工作实绩应当加大抓党建工作的权重。**三是明确了考核的方式。**考核主要包括平时考核、年度考核、专项考核、任期考核。平时考核主要考核领导班子的日常运行情况，重点了解政治思想建设、执行民主集中制、贯彻党的群众路线、科学决策、完成重点任务和反对“四风”等情况；年度考核一般在每年年末或者次年年初组织开展，程序包括总结述职、民主测评、个别谈话、了解核实和形成考核结果；专项考核的程序包括制定方案、听取考核对象的总结汇报、了解核实、形成考核结果；任期考核一般结合换届考察或者任期届满当年年度考核进行，按照总结述职、民主测评、个别谈话、了解核实、实绩分析、形成考核结果等程序进行。**四是明确了考核结果的确定和运用。**领导班子年度考核优秀等次比例一般不超过参加考核领导班子总数的30%；领导班子为优秀等次的，其领导成员评为优秀等次的比例可以适当上调，最高不超过30%；领导班子为一般等次的，领导成员评为优秀的不超过20%，主要负责人一般不得确定为优秀等次；领导班子为较差等次的，其领导成员评为优秀等次的不超过15%，主要负责人一般不得确定为称职及以上等次；在上级党组织开展的基层党建述职评议考核工作中，党委（党组）书记抓基层党建工作情况综合评价等次未达到好的，其年度考核结果不确定为优秀等次。领导干部年度考核优秀等次比例一般不超过参加考核领导干部总人数的25%。考核结果采取个别谈话、工作通报、会议讲评等方式，实事求是地向领导班子和领导干部反馈。依据考核结果，有针对性地加强领导班子建设和激励约束领导干部。结论性材料应当存入干部人事档案。**五是明确对违反考核工作纪律的监督与追责。**对领导班子和领导干部不按照要求参加或不认真配合考核工作，经教育后仍不改正的，领导班子年度考核结果直接确定为较差等次，领导干部年度考核结果直接确定为不称职等次。对不按照规定组织开展考核、考核工作失真失实造成严重后果、本地区本部门本单位考核工作中不正之风严重、干部群众反映强烈以及对违反考核工作纪律等工作查处不力的，应当追究组织（人事）部门主要负责人和有关领导成员、直接责任人的责任。组织（人事）部门应当加强对考核工作的监督检查，自觉接受群众和舆论监督，认真受理有关举报、复核、申诉、严肃查处违反考核工作纪律的行为。

6.《干部人事档案工作条例》

干部人事档案是教育培养、选拔任用、管理监督干部和评鉴人才的重要基础，是维护干部人才合法权益的重要依据，是社会信用体系的重要组成部分，是党的重要执政资源，属于党和国家所有。2018 年 11 月 28 日，中共中央办公厅印发的《干部人事档案工作条例》对干部人事档案工作的体制机制、内容建设、日常管理、利用审核、纪律监督等进行了规范和完善。**一是明确了各级党委及其组织人事部门的工作职责。**各级党委（党组）应当领导本地区本部门本单位干部人事档案工作，贯彻落实党中央相关部署要求，研究解决工作机构、经费和条件保障等问题，将干部人事档案工作列为党建工作目标考核内容。各级组织人事部门应当负责本地区本部门本单位干部人事档案工作，建立健全规章制度和工作机制，配齐配强工作力量，组织开展宣传、指导和监督检查。**二是明确了干部人事档案工作管理权限。**全国干部人事档案工作应当在党中央领导下，由中央组织部主管，各地区各部门各单位按照干部管理权限分级负责、集中管理。中央组织部应当负责全国干部人事档案工作的宏观指导、政策研究、制度建设、协调服务和监督检查。中央组织部应当负责集中管理中央管理干部的人事档案。

中央和国家机关各部委、参照公务员法管理的机关（单位）组织人事部门，中管金融企业、中央企业、党委书记和校长列入中央管理的高校组织人事部门，负责集中管理党委（党组）管理的干部（领导人员、管理人员、专业技术人员，下同）和本单位其他干部的人事档案。省（自治区、直辖市）、市（地、州、盟）党委组织部门负责集中管理本级党委管理干部的人事档案；省、市级直属机关和国有企事业单位组织人事部门集中管理党委（党组）管理的干部和本单位其他干部的人事档案。县（市、区、旗）以下机关（单位）的干部人事档案可以按不同类别、身份，由县（市、区、旗）党委组织部门、人力资源社会保障部门等分别集中管理。**三是突出全面从严要求。**要坚持干部人事档案“凡提必审”“凡进必审”“凡转必审”，全面规范档案的“建、管、用”，明确档案工作纪律和监督要求，细化责任分工，强化责任担当。**四是注重效用发挥。**丰富完善档案内容，重点收集体现干部忠诚干净担当等方面的材料，增加档案信息化建设和信息资源开发要求，为全面历史辩证地评价干部提供翔实的档案信息。

7.《推进领导干部能上能下若干规定（试行）》

推进领导干部能上能下，重点是要解决干部能下问题。必须坚持党要管党、从严治党，坚持实事求是、公道正派，坚持人岗相适、人尽其才，坚持依法依规、积极稳妥，着力解决为官不正、为官不为、为官乱为等问题，促使领导干部自觉践行“三严三实”要求，推动形成能者上、庸者下、劣者汰的用人导向和从政环境。2015 年 7 月 19 日，中共中央办公厅印发的《推进领导干部能上能下若干规定（试行）》对组织（人事）部门的职责任务作出了明确规定。**一是明确了调整建议的内容。**党委（党组）或者组织（人事）部门要根据考察核实结果，对不适宜担任现职干部提出调整建议。调整建议包括调整原因、调整方式等内容。提出调整建议前，应当与干部本人谈话，说明调整理由，听取其陈述意见。党委（党组）负责同志或者组织（人事）部门负责同志与调整对象进行谈话，应当宣布组织决定，认真细致做好思想工作。干部本人对调整决定不服的，可以按照有关规定申请复核或者向上级组织（人事）部门提出申诉。复核、申诉期间不停止调整决定的执行。从干部调整岗位的次月起，调整其级别和工资待遇。**二是明确规定要建立健全推进领导干部能上能下工作责任制。**党委（党组）应当承担主体责任，党委（党组）书记是第一责任人，组织（人事）部门应当承担具体工作责任，把推进领导干部能上能下作为全面从严治党、从严管理干部的重要内容，坚持原则、敢于负责，做到真管真严、敢管敢严、长管长严。要加强对干部的日常了解，定期分析研判领导班子和干部队伍情况，对应当调整的干部及时作出调整。对调整下来的干部，给予关心帮助，有针对性地加强教育管理。要正确把握政策界限，注意保护干部干事创业、改革创新的积极性，宽容改革探索中的失误。**三是明确规定督促检查。**各级党委（党组）及其组织（人事）部门应当加强对推进领导干部能上能下工作的督促检查，了解掌握相关工作情况。对工作不力的，应当根据具体情况，严格追究党委（党组）及其组织（人事）部门主要负责人和相关人员的责任。

8.《党政机关竞争上岗工作暂行规定》

推进党政机关竞争上岗，对推进干部工作的科学化、民主化和制度化具有十分重要的作用。2004 年 4 月 8 日，中共中央办公厅印发的《党政机关竞争上岗工作暂行规定》对干部（人事）部门的职责任务作出了明确规定。**一是明确了组织实施的主体。**党政机关竞争上岗工作应当在本单位党委（党组）领导下，由干部（人事）部门组织实施。**二是明确了资格审查和面试规则。**干部（人事）部门要按照竞争上岗实施方案规定的条件，对报名人员进行资格审查并公布结果。面试由面试小组实施。面试小组一般由本单位领导、干部（人事）部门和相关单位领导及专家组成，一般不得少于 7 人，其中外单位人员应占一定比例。**三是明确了民主测评的内容。**民主测评内容包括德、能、勤、绩、廉等项，每项可细分为若干要素，每个要素划分为若干档次，每档确定相应的分值，由参加测评人员无记名填写评价分数，由干部（人事）部门汇总计算每位竞争者的平均分数。**四是明确了考察内容。**考察工作应当由干部（人事）部门组织进行，考察要坚持德才兼备原则，考察内容包括考察对象的德、能、勤、绩、廉情况及其政治业务素质与竞争职位的适应程度，注重考察工作实绩和群众公认程度。**五是明确了监督追责。**党政机关竞争上岗工作必须接受上级党委及其组织（人事）部门的监督，接受上级纪检（监察）机关的监督，接受本单位机关党组织和纪检（监察）机构的监督，接受干部、群众的监督。干部、群众对竞争上岗工作中的违纪行为，有权向党组织或者组织（人事）部门、纪检（监察）机关检举、申诉，受理部门应当按照有关规定及时进行调查核实。

9.《党政领导干部辞职暂行规定》

建立健全党政领导干部辞职制度，重点是要加强对党政领导干部的管理和监督。2004 年 4 月 8 日，中共中央办公厅印发的《党政领导干部辞职暂行规定》明确规定党委（党组）及其组织（人事）部门，应当按照干部管理权限履行本规定中的有关职责，负责本规定的组织实施。组织（人事）部门要对干部辞职原因、辞职条件等有关情况进行了解审核，并提出初步意见。审核中应当听取干部所在单位的意见及纪检机关（监察部门）的意见，并与干部本人谈话。党委（党组）及其组织（人事）部门根据党政领导干部任职期间的表现，认定其已不再适合担任现职，可以通过一定程序责令其辞去现任领导职务。党政领导干部辞职，按照有关规定需进行经济责任审计的，党委（党组）及其组织（人事）部门应当委托审计机关进行经济责任审计。

10.《党政领导干部职务任期暂行规定》

党政领导干部在任期内应当保持稳定。2006 年 6 月 10 日，中共中央办公厅印发的《党政领导干部职务任期暂行规定》明确规定选任制党政领导干部在新一届领导班子选举产生时，原任领导职务自然解除。工作部门和工作机构正职领导成员任期届满不再连任的，按有关规定由任免机关下达免职通知，免去其担任的领导职务。各级党委（党组）及其组织（人事）部门应当按照干部管理权限，负责本规定的组织实施，对执行本规定的情况进行监督，对违反本规定的行为予以纠正。

11.《党政领导干部交流工作规定》

推进党政领导干部交流工作，对于进一步优化领导班子结构，提高领导干部的素质和能力具有重要意义。2006 年 6 月 10 日，中共中央办公厅印发的《党政领导干部交流工作规定》对组织人事部门的职责任务作出了明确规定。**一是明确了实施主体。**干部交流工作按照干部管理权限组织实施，根据工作需要，上级党委（党组）及其组织（人事）部门也可直接组织实施。**二是明确了交流的对象。**县级以上地方纪检机关（监察部门）、组织部门、人民法院、人民检察院、公安部门的正职领导成员，在同一职位任职满 10 年的，必须交流，新提拔的一般应易地交流任职，副职领导成员在同一领导班子中任职满 10 年的，应当交流。**三是明确了管理和监督。**办理干部交流工作时，党委（党组）或者组织（人事）部门应当与交流干部谈话，听取本人意见，做好思想工作，由组织（人事）部门办理调动手续。党委（党组）及其组织（人事）部门应当负责对干部交流工作进行监督检查，受理有关举报、申诉，制止、纠正违反本规定的行为，对有关责任人提出处理意见或者建议。党委（党组）及其组织（人事）部门应关心爱护交流干部，妥善安排其工作、生活，充分发挥他们的作用。干部调入、调出单位应当相互配合，帮助交流干部解决困难和问题，解除其后顾之忧。党委（党组）及其组织（人事）部门应当跟踪了解交流干部的思想、工作情况，加强教育、管理和监督。

12.《党政领导干部任职回避暂行规定》

推进党政领导干部任职回避工作，对于加强党政领导干部的管理和监督，保证领导干部公正履行职责，促进党风廉政建设具有重要作用。2006年6月10日，中共中央办公厅印发的《党政领导干部任职回避暂行规定》对组织（人事）部门的职责任务作出了明确规定。**一是明确了回避的对象。**有夫妻关系、直系血亲关系、三代以内旁系血亲关系以及近姻亲关系的，不得在同一机关担任双方直接隶属于同一领导人员的职务或者有直接上下级领导关系的职务，也不得在其中一方担任领导职务的机关从事组织（人事）、纪检（监察）、审计、财务等工作。**二是明确了回避的提出和处理。**领导干部任职时存在需要回避情况的，应当按照干部管理权限由组织（人事）部门提出回避意见，报党委（党组）作出决定。必要时，组织（人事）部门可要求领导干部报告拟任职务所需要回避的情况。领导干部任职期间出现需要回避情况的，本人应当提出回避申请。所在单位党组织发现其有需要回避情况的应当提出回避建议，按照干部管理权限由组织（人事）部门审核后提出意见，报党委（党组）作出决定。个人、组织有权反映领导干部需要回避的情况，接到反映的机关应当按照干部管理权限交有关组织（人事）部门处理。实行回避需要跨地区跨部门调整、按照干部管理权限本级难以安排的，报请上级组织（人事）部门协调解决。**三是明确了监督和追责。**组织（人事）部门提出回避意见报党委（党组）决定前，可以听取领导干部本人及相关人员的意见。各级党委（党组）及其组织（人事）部门应当按照干部管理权限，负责本规定的组织实施，对执行党政领导干部任职回避制度的情况进行监督，对违反本规定的行为予以纠正。

13.《公务员职务与职级并行规定》

推行公务员职务与职级并行，对于深化公务员分类改革，健全公务员激励保障机制，建设忠诚干净担当的高素质专业化公务员队伍具有重要作用。2019年3月19日，中共中央办公厅印发的《公务员职务与职级并行规定》对组织（人事）部门的职责任务作出了明确规定。**一是明确了责任主体。**公务员职务与职级并行制度实施工作，由各级党委（党组）及其组织

（人事）部门分级负责。中央公务员主管部门负责全国公务员职务与职级并行制度组织实施的宏观指导。县级以上地方各级公务员主管部门具体指导本辖区内公务员职务与职级并行制度的组织实施工作。**二是明确了晋升职级的工作程序。**公务员晋升职级时，党委（党组）或者组织（人事）部门应当研究和提出工作方案。中央机关公务员晋升职级由本机关党组（党委）及其组织（人事）部门审批，一级、二级巡视员职级职数使用等情况按年度报中央公务员主管部门备案。省级以下机关公务员晋升职级的审批权限，由省级公务员主管部门提出意见，报省、自治区、直辖市党委审定。

14.《行政执法类公务员管理规定（试行）》

加强对行政执法类公务员管理，对完善公务员职位分类，建立符合行政执法类公务员特点的管理制度，提高管理效能和科学化水平，建设高素质公务员队伍具有积极意义。2016 年 7 月 8 日，中共中央办公厅、国务院办公厅印发的《行政执法类公务员管理规定（试行）》对县级以上地方各级公务员主管部门和组织（人事）部门的职责任务作出了明确规定。**一是明确了工作范围。**县级以上地方各级公务员主管部门负责本辖区内行政执法类公务员的综合管理工作，上级公务员主管部门指导下级公务员主管部门，各级公务员主管部门指导同级机关。组织（人事）部门要按照干部管理权限，依法对行政执法类公务员职务升降和任免。**二是规范了监管职责。**行政执法类公务员在履行职责中有违纪违法行为以及违反机关的决定和命令的，依照有关规定给予批评教育、组织处理或者纪律处分；构成犯罪的，依法追究刑事责任。如有擅自扩大行政执法类公务员职位设置范围，超职数设置行政执法类公务员职务，随意放宽任职资格条件，违反规定的条件和程序进行录用、调任、转任和聘任，违反国家规定，更改行政执法类公务员工资、福利、保险待遇标准和违反本规定的行为，县级以上领导机关或者公务员主管部门按照管理权限，区别不同情况，分别予以责令纠正或者宣布无效；对负有责任的领导人员和直接责任人员，根据情节轻重，给予批评教育、组织处理或者纪律处分；构成犯罪的，依法追究刑事责任。

15.《专业技术类公务员管理规定（试行）》

加强专业技术类公务员的管理，对于完善公务员职位分类，建立符合专业技术类公务员特点的管理制度，提高管理效能和科学化水平，建设高素质专业化公务员队伍具有十分重要的意义。2016年7月8日，中共中央办公厅、国务院办公厅印发的《专业技术类公务员管理规定（试行）》对县级以上地方各级公务员主管部门和组织（人事）部门的职责任务作出了明确规定。**一是明确了工作范围。**县级以上地方各级公务员主管部门负责本辖区内专业技术类公务员的综合管理工作，上级公务员主管部门指导下级公务员主管部门，各级公务员主管部门指导同级机关。组织（人事）部门要按照干部管理权限，依法对专业技术类公务员职务升降和任免。根据工作需要，可以按照公务员聘任有关规定，对部分专业技术类公务员职位实行聘任制。**二是规范了监管职责。**如有擅自扩大专业技术类公务员职位设置范围，超职数设置专业技术类公务员职务，随意放宽任职资格条件或者改变专业技术任职资格评定标准，违反规定的条件和程序进行录用、调任、转任和聘任，违反国家规定，更改专业技术类公务员工资、福利、保险待遇标准和违反本规定的行为，县级以上领导机关或者公务员主管部门按照管理权限，区别不同情况，分别予以责令纠正或者宣布无效；对负有责任的领导人员和直接责任人员，根据情节轻重，给予批评教育、组织处理或者纪律处分；构成犯罪的，依法追究刑事责任。

16.《聘任制公务员管理规定（试行）》

加强聘任制公务员管理，对于健全用人机制，满足机关吸引和使用优秀人才的需求，提高公务员队伍专业化水平，规范公务员聘任工作，保障机关和聘任制公务员合法权益具有重要意义。2017年9月19日，中共中央办公厅、国务院办公厅印发的《聘任制公务员管理规定（试行）》对县级以上地方各级公务员主管部门和组织（人事）部门的职责任务作出了明确规定。**一是明确了工作范围。**县级以上地方各级公务员主管部门负责本辖区内聘任制公务员的综合管理工作。机关聘任公务员，主要面向专业性较强的职位和确有特殊需要的辅助性职位，应当制定职位设置与招聘工作方案，在规定的编制限额和工资经费限额内进行。面向社会公开招聘应当按照发布招聘公告、报名与资格审查、考试测评、考察与体检、公示、审批或者备案、办理聘任手续进行，如要招聘专业性较强的职位，符合条件的人选少可以采取直接选聘。公开招聘和直接选聘公务员应当依法接受监督，组织招聘时，及时受理举报，并按照管理权限处理。**二是明确了聘任合同的内容。**聘任机关应与所聘公务员签订书面的聘任合同，确定双方的权利和义务，聘任合同应当具备合同期限，职位及其职责要求，工作条件，工资、福利、保险待遇，解除聘任合同情形，违约责任等条款。试用期满合格后的聘任制公务员人事档案由聘任机关管理和保存。**三是规范了管理方式。**聘任机关采取平时考核和定期考核相结合的方式，根据规定考核德、能、勤、绩、廉，重点考核其完成聘任合同确定的工作任务情况，考核结果应当向本人反馈，并作为聘任制公务员获得工资、奖励等的依据。如有工作需要，根据考核结果和聘任制公务员本人意愿，经省级以上公务员主管部门批准，聘任合同期满后可以续聘。

17.《关于实行党政领导干部问责的暂行规定》

推进党政领导干部问责，对于加强党政领导干部的管理和监督，增强党政领导干部的责任意识具有重要意义。2009年6月30日，中共中央办公厅、国务院办公厅印发的《关于实行党政领导干部问责的暂行规定》对组织人事部门职责任务作出了明确规定。**一是明确了问责的主体。**组织人事部门应当按照管理权限对领导干部实行问责。**二是明确了问责情形和问责方式。**问责情形有以下七种：决策严重失误；因工作失职，造成重大损失或者恶劣影响；政府职能部门管理、监督不力，造成重大损失或者恶劣影响；在行政活动中滥用职权、违法行政，或者不作为，引发群体性事件或者其他重大事件；对群体性、突发性事件处置失当，导致事态恶化，造成恶劣影响；违反干部选拔任用工作有关规定，造成恶劣影响；其他造成重大损失或者恶劣影响等失职行为。问责方式有责令公开道歉、停职检查、引咎辞职、责令辞职、免职五种。**三是规范了问责程序。**对在干部监督工作中发现的党政领导干部应当问责的线索，组织人事部门按照权限和程序进行调查后，对需要实行问责的，按照干部管理权限向问责决定机关提出问责建议。问责决定机关作出问责决定后，由组织人事部门办理相关事宜，或者由问责决定机关责成有关部门办理相关事宜。组织人事部门提出问责建议，应当同时向问责决定机关提供有关事实材料和情况说明，以及需要提供的其他材料；应当及时将被问责的党政领导干部的有关问责材料归入其个人档案，并且将执行情况报告问责决定机关，回复问责建议机关；党政领导干部问责情况应当报上一级组织人事部门备案。

18.《地方党政领导干部安全生产责任制规定》

加强对安全生产工作的领导，是地方各级党委和政府的重要工作职责。2018 年 4 月 8 日，中共中央办公厅、国务院办公厅印发的《地方党政领导干部安全生产责任制规定》对组织（人事）部门的职责任务作出了明确规定。**一是明确了责任追究主体。**组织（人事）部门应当按照权限和职责对地方党政领导干部落实安全生产工作责任存在应当问责情形的，进行责任追究。**二是明确了问责情形。**包括履行本规定第二章所规定职责不到位的；阻挠、干涉安全生产监管执法或者生产安全事故调查处理工作的；对迟报、漏报、谎报或者瞒报生产安全事故负有领导责任的；对发生生产安全事故负有领导责任的；有其他应当问责情形的。**三是明确了问责方式。**包括通报、诫勉、停职检查、调整职务、责令辞职、降职、免职或者处分等。**四是明确了问责举措。**包括“一票否决”，从重追究责任，从轻、减轻追究责任，不予追究相关地方党政领导干部的领导责任，终身问责。

19.《关于对党员领导干部进行诫勉谈话和函询的暂行办法》

为加强和改进对党员领导干部的日常教育和管理，2005 年 12 月 19 日中共中央办公厅印发的《关于对党员领导干部进行诫勉谈话和函询的暂行办法》对组织（人事）部门的职责任务作出了明确规定。**一是明确了进行诫勉谈话和函询的责任主体。**根据党委（党组）要求，组织（人事）部门按照干部管理权限，对党员领导干部进行诫勉谈话和函询。**二是明确了应当对党员领导干部进行诫勉谈话的情形。**包括不能严格遵守党的政治纪律，贯彻落实党的路线方针政策和上级党组织决议、决定以及工作部署不力；不认真执行民主集中制，作风专断，或者在领导班子中闹无原则纠纷；不认真履行职责，给工作造成一定损失；搞华而不实和脱离实际的“形象工程”“政绩工程”，铺张浪费，造成不良影响；不严格执行《党政领导干部选拔任用工作条例》，用人失察失误；不严格执行廉洁自律规定，造成不良影响等。**三是明确了责任追究。**组织（人事）部门应当采取适当方式，对诫勉谈话对象存在的主要问题的改正情况进行了解。对于没有改正或者改正不明显的，应当根据党委（党组）的意见，予以批评教育并督促改正，或者作出组织处理。组织（人事）部门针对群众反映的党员领导干部政治思想、道德品质、廉政勤政、选人用人等方面的问题，也可以用书面形式对被反映的党员领导干部进行函询。党员领导干部在收到函询的十五个工作日内，应当作出书面回复。如有特殊情况不能如期回复的，应当在规定期限内说明理由。对函询问题未讲清楚的，可再次对其进行函询或者采取其他方式进行了解。对无故不回复的，应当责令其尽快回复。党员领导干部进行诫勉谈话和函询要严格履行审批程序，按照干部管理权限，由组织（人事）部门的有关单位提出意见，报本部门领导批准。党员领导干部接受组织诫勉谈话和函询，要如实回答问题，不得隐瞒、编造、歪曲事实和回避问题，不得无故不回复组织函询，不得对反映问题的人进行追查，更不得打击报复。对违反者，应当进行批评教育，情节严重的给予组织处理或者纪律处分。

（二）宣传工作

20.《中国共产党党委（党组）理论学习中心组学习规则》

进一步推进党委（党组）理论学习中心组学习制度化、规范化，对于提高领导干部的理论水平和工作能力，加强领导班子思想政治建设具有重要作用。2017 年 1 月 30 日，中共中央办公厅印发的《中国共产党党委（党组）理论学习中心组学习规则》对宣传部门的职责任务作出了明确规定。**一是明确了人员配备情况。**党委（党组）理论学习中心组配备学习秘书，由宣传部负责人牵头，宣传部、办公厅（室）、组织部或者机关党委等机构负责人担任，其余的机构人员应当协助学习秘书共同做好学习服务工作。**二是明确了工作职责。**党委（党组）理论学习中心组每年向上级党委宣传部、组织部报送中心组学习情况，上级党委宣传部会同组织部等有关部门负责督查考核，督查可以采取自查、抽查或者普查等方式，考核可以结合领导班子和领导干部年度考核进行。各级机关、企事业单位党组织理论学习中心组每年向有关党的机关工作委员会报送中心组学习情况，党的机关工作委员会负责各级机关、企事业单位党组织理论学习中心组学习情况的督查，并将督查情况通报党委宣传部、组织部。

（三）统一战线工作

21.《中国共产党统一战线工作条例》

统一战线是中国共产党凝聚人心、汇聚力量的政治优势和战略方针，是夺取革命、建设、改革事业胜利的重要法宝，增强党的阶级基础、扩大党的群众基础、巩固党的执政地位的重要法宝。2020 年 12 月 21 日，中共中央印发了新修订的《中国共产党统一战线工作条例》，是加强统一战线制度体系建设的重要举措，也是新时代充分发挥统一战线法宝作用的必然要求，体现了新形势新任务对统一战线工作的新要求，体现了习近平总书记关于加强和改进统一战线工作的重要思想和党中央一系列最新精神，对于提高统战工作科学化、规范化、制度化水平具有重要意义。

《条例》共 14 章 61 条，分别从组织领导和职责、民主党派和无党派人士工作、党外知识分子工作、民族工作、宗教工作、非公有制经济领域统一战线工作、新的社会阶层人士统一战线工作、港澳台海外统一战线工作、海外统一战线工作和侨务工作、党外代表人士队伍建设、统战部门自身建设、保障和监督等方面作出规定。**一是明确了统一战线工作范围和对象**。统一战线工作范围和对象包括民主党派成员、无党派人士、党外知识分子、少数民族人士、宗教界人士、非公有制经济人士、新的社会阶层人士、出国和归国留学人员、香港同胞、澳门同胞、台湾同胞及其在大陆的亲属、华侨、归侨及侨眷、其他需要联系和团结的人员，统一战线工作对象为党外人士，重点是其中的代表人士。**二是明确了统战部的职责**。包括贯彻落实党对统一战线工作的理论方针政策和决策部署；统筹协调指导统一战线工作，组织协调开展日常监督检查；负责发现、联系和培养党外代表人士；联系民主党派，牵头协调无党派人士工作；开展党外知识分子统一战线工作；统筹协调民族工作；统一管理宗教工作；参与制定、推动落实鼓励支持引导非公有制经济发展的方针政策；统筹开展新的社会阶层人士统一战线工作；会同有关部门开展港澳统一战线工作，开展对台统一战线工作；统一领导海外统一战线工作，统一管理侨务工作，统筹协调有关部门和社会团体涉侨工作；协调推进统一战线领域法治建设；落实意识形态工作责任制，负责开展统一战线宣传工作；指导下级党委统一战线工作，协助管理下一级党委统战部部长；协助做好民族、宗教等工作部门领导班子成员推荐工作；加强同政协组织的沟通协调配合；加强对参事室、文史研究馆的工作指导；领导工商联党组，指导工商联工作；指导和管理社会主义学院；做好统一战线有关单位和团体管理工作；完成同级党委和上级党委统战部交办的其他任务。**三是明确了统战部门自身建设的要求。**统战干部队伍要加强党的政治建设、思想建设、组织建设、作风建设和纪律建设等方面，确保统战工作始终坚持正确的政治方向。

22.《社会主义学院工作条例》

社会主义学院是中国共产党领导的统一战线性质的政治学院，是民主党派和无党派人士的联合党校，是统一战线人才教育培养的主阵地，是开展党的统一战线工作的重要部门，是党和国家干部教育培训体系的重要组成部分。2018 年 12 月 22 日，中共中央印发的《社会主义学院工作条例》对相关职责部门的工作进行了明确。**一是明确了指导和管理社会主义学院的责任部门。**党委统战部门应当指导和管理本级社会主义学院。**二是健全了领导体制。**社会主义学院院长一般由民主党派组织主要负责人或者无党派代表人士担任，副院长中应当配备党外人士，根据需要可以设第一副院长或者分管日常工作的副院长；社会主义学院的党外院长、党外副院长人选，由党委统战部门与民主党派和无党派人士协商提名，按照干部管理权限任免。**三是加强指导和管理。**地方党委统战部门应了解检查社会主义学院学习和贯彻执行党的理论和路线方针政策情况；协助党委做好社会主义学院领导班子建设工作；制定和落实党外代表人士及统战干部参加社会主义学院培训的规划和计划；协调有关部门支持社会主义学院工作，帮助改善办学条件。**四是完善学院咨询和协商机构。**社会主义学院可以成立由党委统战部门、各民主党派、工商联及有关部门负责人和无党派代表人士组成的院务咨询委员会，对办学中的重大问题进行咨询和协商。

（四）政法工作

23.《中国共产党政法工作条例》

政法工作是党和国家工作的重要组成部分，是党领导政法单位依法履行专政职能、管理职能、服务职能的重要方式和途径。2019 年 1 月 13 日，中共中央印发的《中国共产党政法工作条例》以党内基本法规的形式对党领导新时代政法工作进行全面制度擘画，为党领导政法工作提供基本遵循。出台《条例》是提高党领导政法工作法治化、制度化水平的内在要求，是坚持和发展中国特色社会主义制度、推进国家治理体系和治理能力现代化的题中之义，是推进依法治国与依规治党有机统一的重要举措，有利于推动政法工作政治性、人民性和法治性在更高水平上深度融合。

《条例》共 9 章 39 条，分别从党中央对政法工作的绝对领导、地方党委对政法工作的领导、党委政法委员会的领导、政法单位党组（党委）的领导、请示报告、决策和执行、监督和责任等方面作出规定。**一是明确了主要职责。**党委政法委员会应当在党委领导下履行职责、开展工作，应当把握政治方向、协调各方职能、统筹政法工作、建设政法队伍、督促依法履职、创造公正司法环境，带头依法依规办事，保证党的路线方针政策和党中央重大决策部署贯彻落实，保证宪法法律正确统一实施。主要职责任务共有十项，地方各级党委政法委员会指导、支持、督促政法单位在宪法法律规定的职责范围内开展工作，上级党委政法委员会指导下级党委政法委员会工作。**二是规范了请示报告的内容和程序。**县级以上地方党委政法委员会、政法单位党组（党委）每年应当向同级党委报告全面工作情况，遇有重要情况及时请示报告。地方党委政法委员会参照上一级党委政法委员会有关规定，确定同级政法单位党组（党委）、下级党委政法委员会请示报告重大事项范围、内容和程序等。**三是明确了决策和执行的事项。**党委政法委员会实行全体会议制度，应当按照集体领导、民主集中、个别酝酿、会议决定的原则，贯彻执行党中央以及同级地方党委、上级党委政法委员会决定、决策部署、指示等事项，并发挥统筹协调职能作用，协助党委指导、督促有关政法单位党组（党委）、下级党委政法委员会坚决执行党中央以及上级党组织决定、决策部署、指示等事项，推动工作落实，讨论和决定本单位或者本系统政法工作和队伍建设重大事项。**四是明确了监督和责任。**推动完善和落实政治督察、执法监督、纪律作风督查巡查等工作制度机制，全面推进政法工作特别是党中央以及上级党组织决定、决策部署、指示等贯彻落实；建立健全委员述职制度，全面了解、掌握委员履职情况，及时提出指导意见；在统筹推动政法单位开展常态执法司法规范化检查中，对发现的政法单位党组（党委）及其成员不履行或者不正确履行职责，或者政法干警执法司法中的突出问题，应当督促加大整改力度；对地方和部门领导干部在领导和组织开展政法工作中，违反规定职责的，视情节轻重，进行约谈、通报、挂牌督办。

（五）党校工作

24.《中国共产党党校（行政学院）工作条例》

党校（行政学院）工作是党和国家事业的重要组成部分。2019 年 10 月 25 日，中共中央印发的《中国共产党党校（行政学院）工作条例》以习近平新时代中国特色社会主义思想为指导，深入贯彻党的十九大和十九届二中、三中全会精神，是新时代党校（行政学院）工作的基本遵循。《条例》的制定和实施，对于加强党对党校（行政学院）工作的领导，充分发挥党校（行政学院）干部培训、思想引领、理论建设、决策咨询作用，培养造就忠诚干净担当的高素质专业化干部队伍，具有重要意义。

《条例》共13章70条，对党校（行政学院）的性质定位、基本任务、培训目标、领导体制、班次学制以及教学、科研、咨询、管理等方面工作作出了全面系统规定。**一是明确了基本任务。**党校（行政学院）要培训各级党政领导干部、公务员、国有企业领导人员、事业单位领导人员、年轻干部、理论宣传骨干、高层次人才、基层干部、党员，要开展党校（行政学院）系统师资培训；加强马克思主义基本理论研究，重点研究宣传习近平新时代中国特色社会主义思想；承办党委和政府以及相关部门举办的专题研讨班；开展重大理论和现实问题研究，承担党委和政府决策咨询服务；以培养马克思主义理论人才为主要目标，在国家批准的学科和专业学位类别内开展学位研究生教育；开展同国（境）内外有关机构和组织的合作与交流；参与党委关于党校（行政学院）工作政策以及干部培训计划的制定工作；完成党委和政府交办的其他任务。**二是明确了理论教育和党性教育的主业主课地位。**在教学上，规定党校（行政学院）教学布局坚持以学习习近平新时代中国特色社会主义思想为中心内容和首要任务，突出党的理论教育和党性教育主业主课地位；在培训目标上，要把提高学员政治素质作为第一目标；在科研上，规定重点加强对习近平新时代中国特色社会主义思想的研究，坚持政治立场坚定性和科学探索创新性的有机统一；在人才队伍建设上，把政治合格作为第一标准；在纪律要求上，把政治纪律作为第一要求等。**三是明确要求加强人才队伍建设。**党校（行政学院）应当根据教学科研、行政管理、后勤服务工作的需要，建立一支政治合格、素质优良、规模适当、结构合理、适应新时代干部教育培训要求的党校（行政学院）工作人员队伍。党校（行政学院）人才队伍建设的重点是教师队伍建设。制定和实施人才强校战略，实施“名师工程”，培养造就一批政治强、业务精、作风好的高素质教学科研人才。**四是明确要求加强校风和学风建设。**党校（行政学院）应当严格教学、科研和管理纪律，对师德师风不良或者不适宜从事党校（行政学院）工作的，调整工作岗位或者调离党校（行政学院）。弘扬理论联系实际的马克思主义学风，倡导崇尚学习、勤奋学习的风气。聚焦社会主义现代化建设和党的建设的重大理论和实践问题，鼓励教师与学员之间、学员相互之间切磋交流，实现教学相长、学学相长。**五是明确了各个班次的学制。**市（地、州、盟）委党校（行政学院）主要培训乡科级中青年干部。学制一般不少于2个月。县（市、区、旗）委党校（行政学校）主要培训基层中青年干部。学制一般不少于1个月。根据党委和政府的工作需要，在党校（行政学院）举办各类专题研讨班。学制一般不少于5天。

（六）编制工作

25.《中国共产党机构编制工作条例》

机构编制资源是重要政治资源、执政资源，机构编制工作是党的重要工作。2019年8月5日，中共中央印发的《中国共产党机构编制工作条例》以习近平新时代中国特色社会主义思想为指导，强化党对机构编制工作的集中统一领导，是新时代机构编制工作的基本遵循。对于落实党管机构编制原则，推进机构编制法定化，提升机构编制工作水平，巩固党治国理政的组织基础，具有重要意义。

《条例》共8章33条，分别就机构编制工作的领导体制、动议、论证、审议决定、组织实施、监督问责等作出规定。**一是明确了责任主体。**各级机构编制委员会下设办公室，承担日常工作，归本级党委组织部门管理，根据授权和规定程序处理机构编制具体事宜。**二是明确了机构编制工作的内容。**各级机构编制委员会办公室研究论证机构编制事项时，应当进行深入调查研究和合法合规性审查，重大问题应当进行专家论证和风险评估。研究论证时应当充分听取各方面意见。各级机构编制委员会办公室应当按照相应权限，对机构编制工作规定贯彻落实情况进行监督检查，纠正违纪违法行为，并按照有关规定向本级党委提出问责建议，在本级党委一届任期内至少组织1次管理范围内的机构编制核查。**三是规范了监督问责的方式。**对机构编制执行情况和使用效益进行客观评估，或者委托第三方进行评估。

评估结果作为改进机构编制管理、优化编制资源配置的重要依据。各级机构编制委员会办公室应当加强与纪检监察机关、巡视巡察机构和组织人事、财政、审计等部门的协作配合，建立健全情况通报、信息共享、线索移送、整改反馈等工作机制，必要时组成工作组，开展联合督查。

（七）议事协调机构的工作

26.《中国共产党农村工作条例》

习近平总书记多次强调，党管农村工作是我们的传统。2018 年中央一号文件明确要求，要研究制定中国共产党农村工作条例，把党领导农村工作的传统、要求、政策等以党内法规形式确定下来。专门制定关于农村工作的党内法规，在我们党的历史上还是首次，充分体现了以习近平同志为核心的党中央对农村工作的高度重视。2019 年 8 月 19 日，中共中央印发的《中国共产党农村工作条例》以习近平新时代中国特色社会主义思想为指导，树牢“四个意识”、坚定“四个自信”、做到“两个维护”，对坚持和加强党对农村工作的全面领导作出了系统规定，是新时代党管农村工作的总依据，有助于落实加强党对农村工作的全面领导，有助于巩固党在农村的执政基础，有助于深入实施乡村振兴战略。

《条例》共 7 章 36 条，从总则、组织领导、主要任务、队伍建设、保障措施、考核监督、附则等方面对农村工作作出规定。**一是明确了责任主体。**党委农村工作部门发挥决策参谋、统筹协调、政策指导、推动落实、督导检查等职能。中央和地方党政机关各涉农部门应当认真履行贯彻落实党中央关于农村工作各项决策部署的职责，贴近基层服务农民群众，不得将部门职责转嫁给农村基层组织。不履行或者不正确履行职责的，应当依照有关党内法规和法律法规予以问责。**二是明确了完善党领导农村工作的体制机制。**明确中央统筹、省负总责、市县乡抓落实的农村工作领导体制，构建职责清晰、分工负责、合力推进的责任体系。省市县级党委也应当设立农村工作领导小组，省市级一般由同级党委副书记任组长，县级由县委书记任组长。**三是明确了新时代党的农村工作主要任务。**加强党对农村经济建设，主要是巩固和加强农业基础地位，实施藏粮于地、藏粮于技战略，严守耕地红线，确保谷物基本自给、口粮绝对安全，深化农业供给侧结构性改革，发展壮大农村集体经济，促进农民持续增收致富，坚决打赢脱贫攻坚战；加强党对农村社会主义民主政治建设，健全村党组织领导的充满活力的村民自治机制，丰富基层民主协商形式，严厉打击农村黑恶势力、宗族恶势力，巩固农村基层政权；加强党对农村社会主义精神文明建设的领导，要培育和践行社会主义核心价值观，建好用好新时代文明实践中心，提高农民科学文化素质和乡村社会文明程度；加强党对农村社会建设的领导，要坚持保障和改善农村民生，大力发展农村社会事业，加快改善农村公共基础设施和基本公共服务条件，健全党组织领导下的自治、法治、德治相结合的乡村治理体系，提升农民生活质量，建设充满活力、和谐有序的乡村社会；加强党对农村生态文明建设的领导，要牢固树立和践行绿水青山就是金山银山的发展理念，统筹山水林田湖草系统治理，促进农业绿色发展，加强农村生态环境保护，改善农村人居环境，建设生态宜居美丽乡村。

27.《法治政府建设与责任落实督察工作规定》

加强法治政府建设，就要充分发挥督察工作对法治政府建设与责任落实的督促推动作用。2019 年 4 月 15 日，中共中央办公厅、国务院办公厅印发的《法治政府建设与责任落实督察工作规定》对议事协调机构的职责任务作出了明确规定。**一是明确了责任主体。**地方各级党委法治建设议事协调机构的办事机构组织开展法治政府建设与责任落实督察工作。其中，应当督促下一级地方党委和政府、本级政府部门按时报送和公开年度报告，对未按照要求报送、公开的，应当通报批评。**二是明确了督察的对象和主要内容。**对地方各级党委，主要督察履行推进本地区法治建设领导职责，加强法治政府建设的情况；对地方各级政府和县级以上政府部门，主要督察履行推进本地区、本部门法治政府建设主体职责的情况；对地方各级党政主要负责人，主要督察在全局工作中加强法治政府建设的情况；对领导班子其他成员，主要督察在分管工作范围内履行推进法治政府建设相关职责的情况。**三是规范了督察的组织实施。**督察方式有书面督察和实地督察。实地督察可以成立督察组。督察措施有六种：听取情况汇报；查阅、复制有关文件等；询问、约谈；实地走访、暗访；调查、核实或转交问题线索；其他措施。可以开展第三方评估、专项督察，探索推进“互联网+督察”。督察结束后，撰写督察报告、反馈督察结果、督促整改。**四是明确了追责事项和追责方式。**追责事项：对法治政府建设决策部署懈怠拖延、落实不力；制定的规章、行政规范性文件违反宪法、法律；违纪违法决策或者依法应当作出决策而久拖不决；执法不作为或者乱执法、执法牟利、粗暴执法等；违纪违法干预监察工作、行政执法、行政复议或者司法活动，或者拒不执行行政复议决定、法院裁判；在行政复议工作中失职渎职、徇私舞弊、违法违规；其他不履行或者不正确履行法治政府建设职责的情形。追责方式：建立重大责任事项约谈制度、挂牌督办制度，督促被追责单位限期完成有关查处、整改任务，可以建立典型案例通报、曝光制度。此外，对于其他妨碍督察工作的行为，也要依纪依法予以责任追究；涉嫌犯罪的，移送有关机关依法处理。

党组（党委）执行的中央党内法规

一、党组（党委）制度

1.《中国共产党党组工作条例》

党的十九大党章修正案对党组职责作了充实，进一步明确了党组管党治党的政治责任。2019 年 4 月 6 日，中共中央印发的《中国共产党党组工作条例》全面贯彻习近平新时代中国特色社会主义思想和党的十九大精神，以党章为根本遵循，充分体现近年来党组工作的理论、实践和制度创新成果，回应党组工作的新情况新问题新要求，实现党组制度的守正创新。

《条例》共 8 章 45 条，分别从指导思想、设立、职责、组织原则，决策与执行、党组性质党委、监督与追责等方面对党组工作作出规定。**一是明确了党组的领导责任。**党组必须履行好对本单位业务工作的领导责任，聚焦重大事项把方向、管大局、保落实，实现党组发挥领导作用与本单位行政领导班子依法依章程履行职责相统一；履行好对本单位党的建设的领导责任，担负起管党治党政治责任，坚持党建工作与业务工作同谋划、同部署、同推进、同考核，坚决克服“两张皮”和“一手硬、一手软”。**二是明确了党组书记、副书记及其成员的设置和职责。**党组书记必须认真履行抓党建第一责任人职责，党组其他成员按照“一岗双责”要求抓好职责范围内党的建设工作。党组书记一般由本单位领导班子主要负责人担任，主要负责人不是中共党员或者由上级领导兼任以及因其他情况不宜担任党组书记的，党组书记、主要负责人可以分设。党组其他成员一般由本单位领导班子成员中的党员干部、派驻本单位的纪检监察组组长担任，必要时也可以由本单位重要职能部门或者下属单位党员主要负责人担任。党组成员一般设 3 至 7 人。

应当具备党章和《党政领导干部选拔任用工作条例》规定的党员领导干部的基本条件外，还应当有3年以上党龄，其中厅局级以上单位的党组成员应当有5年以上党龄。副省部级以上单位、中管企业党组成员一般不超过9人，个别单位确需增加的，由党中央决定。市县两级政府及县级以上地方政府个别工作部门确需增加的，按程序报请省级党委批准，但总数不得超过9人。**三是细化了党组设立的条件标准。**明确县级以上政府工作部门、派出机关以及有关管委会的工作部门应当设立党组；领导机关中的党员领导成员不足3人的、与党的机关合并设立或者合署办公的、由党的机关代管或者管理等并纳入党的机关序列的、县级以上政府直属事业单位以外的其他事业单位、共青团组织、中管企业的下属企业以及地方国有企业、地方文化组织和社会组织等不设立党组；市级以上人大常委会、政府、政协应当设立机关党组，县级人大常委会、政府、政协可以设立机关党组；明确国务院有关部门的派出机构，具有行业系统管理需要的国务院有关直属事业单位、中央一级有关人民团体的下属单位，省级以上人大、政协的专门委员会，市级以上法院、检察院的派出机构，经批准可以设立分党组。**四是明确了党组工作的组织原则。**要把做到“两个维护”作为党组工作首要政治原则，党组任何工作部署都必须以贯彻党中央精神为前提，坚决维护习近平总书记核心地位，坚决维护党中央权威和集中统一领导；党组在履行职责过程中，除必须服从批准其设立的党组织领导外，还应当按照规定接受有关党组的领导或者指导；党组工作要贯彻落实集体领导、请示报告等方面制度，党组书记应当带头执行民主集中制，党组其他成员应当对党组讨论和决定的事项积极提出意见和建议，党组成员必须坚决服从党组集体决定，有不同意见的在坚决执行的前提下可以声明保留，也可以向上级党组织反映，但不得在其他场合发表不同意见等。**五是明确了责任追究。**党组（党委）及其成员、有关党组织及其工作人员应当严格按照本条例履行职责。违反本条例的，根据情节轻重，给予批评教育、责令作出检查、诫勉、通报批评或者调离岗位、责令辞职、免职、降职等处理，或者依规依纪依法给予处分；涉嫌犯罪的，依法追究刑事责任。对发生集体违反本条例行为的，或者在其他党组（党委）

成员出现严重违反本条例行为上存在重大过失的，还应当追究党组（党委）书记的相关责任。党组（党委）重大决策失误的，对参与决策的党组（党委）成员实行终身责任追究。党组（党委）成员在讨论和决定有关事项时，对重大失误决策明确持不赞成态度或者保留意见的，应当免除或者减轻责任。

2.《党委（党组）落实全面从严治党主体责任规定》

党委（党组）落实全面从严治党主体责任，是党中央健全全面从严治党责任制度的重要举措。2020 年 3 月 9 日，中共中央办公厅印发的《党委（党组）落实全面从严治党主体责任规定》对党委（党组）落实全面从严治党主体责任的责任内容、责任落实、监督追责等作出规定。**一是明确了责任主体。**党组必须落实全面从严治党主体责任。每年年初党组应当向批准其设立的党组织书面报告上一年度落实全面从严治党主体责任情况。党组应当坚持党建工作与业务工作同谋划、同部署、同推进、同考核，加强对本单位（本系统）全面从严治党各项工作的领导；党委（党组）领导班子成员应当强化责任担当，狠抓责任落实，在全面从严治党中发挥示范表率作用。党委（党组）书记应当履行本地区本单位全面从严治党第一责任人职责，管好班子、带好队伍、抓好落实，支持、指导和督促领导班子其他成员、下级党委（党组）书记履行全面从严治党责任，加强对全面从严治党的调查研究；党委（党组）领导班子其他成员根据工作分工负重要领导责任，按照“一岗双责”要求，对分管部门和单位党员干部从严进行教育管理监督。**二是明确了党委（党组）职责内容。**党委（党组）及其领导班子成员应当将落实全面从严治党责任情况作为年度民主生活会对照检查内容，本地区本单位发生重大违纪违法案件、严重“四风”问题，党委（党组）应当及时召开专题民主生活会，认真对照检查，深刻剖析反思，明确整改责任。党委（党组）书记对领导班子其他成员、下一级党委（党组）书记，领导班子其他成员对分管部门和单位党组织书记，发现存在苗头性、倾向性问题的，应当及时提醒谈话，发现落实全面从严治党责任不到位、管党治党问题较多、党员群众来信来访反映问题较多的，应当及时进行约谈。**三是明确了监督和追责。**党委（党组）及其领导班子成员应当落实全面从严治党责任，出现贯彻执行党中央关于全面从严治党重大决策部署以及上级党组织有关决定不认真、不得力；履行全面从严治党第一责任人职责、重要领导责任不担当、不作为；本地区本单位政治意识淡化、党的领导弱化、党建工作虚化、责任落实软化，管党治党宽松软；本地区本单位在管党治党方面出现重大问题或者造成严重后果等五种情形之一的，应当依规依纪追究责任。

3.《县以上党和国家机关党员领导干部民主生活会若干规定》

民主生活会是党内政治生活的重要内容，是发扬党内民主、加强党内监督、依靠领导班子自身力量解决矛盾和问题的重要方式。2016 年 12 月 23 日，中共中央印发的《县以上党和国家机关党员领导干部民主生活会若干规定》对党员领导干部民主生活会作出全面规范，进一步提高了党员领导干部民主生活会制度化、规范化水平，明确要求各级党委（党组）必须履行组织开好民主生活会的领导责任。**一是明确了督促检查和指导的责任主体。**上级党组织应当通过派出督导组、派人列席等方式，对下级单位召开的民主生活会进行督促检查和指导，具体工作由组织部门会同纪律检查机关负责。对问题突出的领导班子，上级党组织主要负责人应当亲自过问，派出得力的负责人列席民主生活会，严肃指出问题、深入分析原因、切实帮助解决。**二是明确了民主生活会的召开程序。**民主生活会由领导班子主要负责人主持。民主生活会应当确定主题，一般由上级党组织统一确定，或者由领导班子根据自身建设实际确定，并报上级党组织同意。民主生活会每年召开 1 次，一般安排在第四季度。因特殊情况需要提前或者延期召开的，应当报上级党组织同意。民主生活会到会人数必须达到应到会人数的三分之二以上。领导班子遇到重要或者普遍性问题，出现重大决策失误或者对突发事件处置失当，经纪律检查、巡视和审计发现重要问题，以及发生违纪违法案件等情况的，应当专门召开民主生活会，及时剖析整改。**三是明确了责任追究。**

执行民主生活会制度情况，纳入领导班子及其成员履行全面从严治党责任考核内容，作为考核评价领导班子的重要依据。对不按规定召开民主生活会的应当严肃指出、限期整改，对走过场的责令重新召开，并在一定范围通报批评，情节严重的追究主要负责人责任。对无正当理由不参加民主生活会的党员领导干部，给予严肃批评教育。

4.《中国共产党党委（党组）理论学习中心组学习规则》

党委（党组）理论学习中心组学习，是建设学习型服务型创新型的马克思主义执政党、提高党的执政能力和领导水平的重要途径，对全党学习具有“风向标”和“排头兵”作用。2017 年 1 月 30 日，中共中央办公厅印发的《中国共产党党委（党组）理论学习中心组学习规则》对党委（党组）的职责任务作出了明确规定。**一是明确了责任主体。**各级党委（党组）对本级理论学习中心组学习负主体责任，对本地区本部门本单位的理论学习中心组学习负领导责任。**二是明确了职责范围。**各级党委（党组）要把中心组学习列入重要议事日程，纳入党建工作责任制，纳入意识形态工作责任制。每年年初，中心组要按照党中央和上级党组织部署，结合工作实际，制定年度学习计划，由本级党委（党组）审定后施行，并报送上级党委宣传部、组织部或者有关党的机关工作委员会备案。可以通过集体学习研讨、个人自学、专题调研的形式开展学习活动，其中，集体学习研讨应当保证学习时间和质量，每年应当集中一定时间学习，每季度不少于1次。党委（党组）书记作为第一责任人，要以高度负责的态度抓好中心组学习，以自己的示范作用带动中心组成员认真学习。**三是明确了监督和问责。**党委宣传部、组织部每年要通报下级党委（党组）中心组学习情况，有关党的机关工作委员会每年要通报同级机关、企事业单位党组织中心组学习情况，督促其落实好各项规定。对中心组学习开展不力、出现错误倾向产生恶劣影响的，要按照有关规定严肃问责。

二、加强党的基层组织建设，履行全面从严治党责任

5.《中国共产党党和国家机关基层组织工作条例》

机关党的建设是机关建设的根本保证。我们党历来高度重视中央和国家机关党的建设。2019 年 11 月 29 日，中共中央修订的《中国共产党党和国家机关基层组织工作条例》对党组（党委）的职责任务作出了明确规定。**一是明确了责任主体。**机关党建工作应当在各级党委领导下，由同级机关工委统一领导、单位党组（党委）具体领导和管理。**二是明确了党组（党委）的责任范围。**机关工委应当加强对所属机关党的工作的统一领导，指导督促党组（党委）履行机关党建主体责任。党组（党委）要领导机关和直属单位党组织的工作，每年通报抓机关党建工作情况、接受评议，同时加强对党组织关系实行属地管理的下级单位、归口领导或管理单位党建工作的指导。要将落实机关党建责任、加强机关党建工作情况纳入各单位领导班子以及领导干部考核内容，开展党组织书记抓基层党建述职评议考核工作。**三是明确要求党组（党委）要加强队伍管理。**党组（党委）应当通过机关基层党组织了解机关工作人员的思想情况，以及对重要决策和领导干部廉洁自律等方面的反映和意见，支持机关基层党组织对党员特别是党员领导干部进行监督。**四是明确了讨论决定基层党组织设置调整、发展党员、处分党员等重要事项的工作程序。**机关党的基层委员会（含不设党的基层委员会的总支部委员会、支部委员会）的设置调整、换届、委员会组成以及机关党的纪律检查委员会的组成，书记、副书记的任免等，应当经党组（党委）讨论决定后，报党的机关工作委员会审批。党组（党委）应当对机关

党的基层委员会提前上报的审批预备党员或者预备党员转正事项，进行讨论并作出决定。

6.《中国共产党国有企业基层组织工作条例（试行）》

国有企业是中国特色社会主义的重要物质基础和政治基础，是党执政兴国的重要支柱和依靠力量。2019 年 12 月 30 日，中共中央印发的《中国共产党国有企业基层组织工作条例（试行）》明确要求国有企业党委（党组）要发挥领导作用，把方向、管大局、保落实，依照规定讨论和决定企业重大事项。**一是明确了主要职责。**国有企业党支部（党总支）以及内设机构中设立的党委要围绕生产经营开展工作，发挥战斗堡垒作用。国有企业党委（党组）和党支部（党总支）以及内设机构中设立的党委要依规履行各项职责。**二是明确了决定重大事项的程序。**国有企业重大经营管理事项必须经党委（党组）研究讨论后，再由董事会或者经理层作出决定。**三是明确了领导和保障的重要内容。**各级党委应当把国有企业党的建设纳入整体工作部署和党的建设总体规划，中央组织部负责全国国有企业党的建设工作的宏观指导。国有企业党委要按照有利于加强党的工作和精干高效协调原则，根据实际需要设立办公室、组织部、宣传部等工作机构，有关机构可以与企业职能相近的管理部门合署办公。

7.《中国共产党普通高等学校基层组织工作条例》

教育兴则国家兴，教育强则国家强。高等教育是一个国家发展水平和发展潜力的重要标志。2021 年 4 月 16 日，中共中央印发的《中国共产党普通高等学校基层组织工作条例》对高等学校党的委员会的职责任务提出了明确要求。**一是明确了责任主体和领导制度。**高校实行党委领导下的校长负责制。高校党委实行民主集中制，健全集体领导和个人分工负责相结合的制度。**二是明确了组织设置。**高校党委由党员大会或者党员代表大会选举产生，每届任期5年。党委对党员大会或者党员代表大会负责并报告工作，党员代表大会代表实行任期制。**三是明确了高校党委、高校院（系）级单位党组织、教职工党支部、学生党支部的主要职责。**高校党委、高校院（系）级单位党组织、教职工党支部、学生党支部应当依规履行主要职责。**四是明确了党员队伍建设的新要求和新标准。**高校党组织应当构建多层次、多渠道的党员经常性学习教育体系，严格党的组织生活，强化党员日常管理，尊重党员主体地位，发扬党内民主，保障党员权利，推进党务公开。**五是明确了干部管理和人才队伍建设新要求。**高校党委应当坚持党管干部原则，按照干部管理权限对学校干部实行统一管理。**六是明确了开展思想政治工作的具体要求。**高校党委应当牢牢掌握党对学校意识形态工作的领导权，统一领导学校思想政治工作。发挥行政系统、群团组织、学术组织和广大教职工的作用，共同做好思想政治工作。**七是明确了对群团组织的领导。**高校党委应当研究工会、共青团、妇女组织等群团组织和学生会（研究生会）、学术组织工作中的重大问题，加强学生社团管理，支持他们依照法律和各自章程开展工作。**八是明确了其他领导和保障。**各级党委及其有关部门、有关国家机关党组（党委）应当把高校基层党组织建设作为党建工作的重要内容，形成党委统一领导，教育工作领导小组牵头协调，纪检机关和组织、宣传、统战、教育工作等部门密切协作、齐抓共管的工作格局。

三、选拔、推荐、管理干部

8.《党政领导干部选拔任用工作条例》

选拔大批党和人民需要的信念坚定、为民服务、勤政务实、敢于担当、清正廉洁的好干部，是党的事业成功的关键所在。2019 年 3 月 3 日，中共中央印发的《党政领导干部选拔任用工作条例》在加强党组织对干部选拔任用的领导把关作用与充分发扬民主相结合方面有明确规定。**一是明确了责任主体。**党组应当按照干部管理权限履行选拔任用党政领导干部职责，切实发挥把关作用，考察对象呈报单位或者所在单位党组必须就考察对象廉洁自律情况提出结论性意见，并由党组书记签字。干部考察组成员在干部考察工作中涉及其亲属的，本人必须回避。干部交流由党组及其组织（人事）部门按照干部管理权限组织实施，严格把握人选的资格条件。**二是明确了干部选拔任用的程序。**党组根据工作需要结合领导班子建设实际，结合综合分析研判情况，提出启动干部选拔任用工作意见。党组讨论决定干部任免事项，必须有三分之二以上成员到会，并保证与会成员有足够时间听取情况介绍、充分发表意见。与会成员对任免事项，应当逐一发表明确意见，党组主要负责人应当最后表态。意见分歧较大时，暂缓进行表决。党组有关干部任免的决定，需要复议的，应当经党组超过半数成员同意后方可进行。党组讨论决定干部任免事项进行表决，以党组应到会成员超过半数同意形成决定，涉及与会人员本人及其亲属的，本人必须回避。党委和政府及其工作部门个别特殊需要的领导成员人选，可以由党委（党组）或者组织（人事）部门推荐，报上级组织（人事）部门同意后作为考察对象。

9.《党政领导干部考核工作条例》

干部考核是坚持和加强党的全面领导、推动党中央决策部署贯彻落实的重要举措，是激励干部担当作为、促进事业发展的重要抓手。2019 年 4 月 7 日，中共中央办公厅印发的《党政领导干部考核工作条例》对党组的职责任务作出了明确规定。**一是明确了主体责任。**党组应当按照干部管理权限，履行考核领导班子和领导干部的职责；必须承担考核工作主体责任，党组书记是第一责任人；应当加强对本部门本单位干部考核工作与其他业务考核工作的统一领导，统筹协调督促指导，整合考核力量，归并考核项目和种类，严格控制“一票否决”事项，防止多头考核、重复考核；根据工作需要，可以组建和派出考核组，每年可以选定部分领导班子和领导干部进行重点考核。**二是明确了考核和监督。**党组应当加强对考核工作的监督检查，自觉接受群众和舆论监督，认真受理有关举报、复核、申诉、严肃查处违反考核工作纪律的行为。对不按照规定组织开展考核、考核工作失真失实造成严重后果、本部门本单位考核工作中不正之风严重、干部群众反映强烈以及对违反考核工作纪律等工作查处不力的，应当追究党组主要负责人和有关领导成员、直接责任人的责任。

10.《党组讨论和决定党员处分事项工作程序规定（试行）》

讨论和决定党员处分事项是党组的主要任务之一。2018 年 11 月 29 日，中共中央办公厅印发的《党组讨论和决定党员处分事项工作程序规定（试行）》对党组的职责任务作出了明确规定。**一是明确了责任主体。**党组应当认真履行全面从严治党主体责任。**二是明确了行使党纪处分决定权的原则。**党组对党员干部实施党纪处分，应当按照规定程序经党组集体讨论决定，不允许任何个人或者少数人擅自决定和批准。**三是明确了党组行使党纪处分的程序和要求。**给予驻在部门的处级及以下党员干部党纪处分，由部门机关党委、机关纪委进行审查和审理，并依据《中国共产党章程》第四十二条规定履行相应程序后，由党组讨论决定。在作出党纪处分决定前，应当征求中央纪委国家监委派驻纪检监察组意见。对于党的组织关系在地方、干部管理权限在主管部门党组的党员干部违纪案件，凡由中央纪委国家监委派驻纪检监察组查处的，由主管部门党组讨论决定，并向地方党组织通报处理结果。

11.《党政机关竞争上岗工作暂行规定》

竞争上岗是党政领导干部选拔任用的重要方式之一。2004 年 4 月 8 日，中共中央办公厅印发的《党政机关竞争上岗工作暂行规定》对党委（党组）的职责任务作出了明确规定。**一是明确了责任主体。**党政机关竞争上岗工作应当在本单位党委（党组）领导下，由干部（人事）部门组织实施。**二是明确了竞争上岗的程序。**竞争上岗一般应当经过制定并公布实施方案，报名与资格审查，笔试、面试，民主测评、组织考察，党委（党组）讨论决定，办理任职手续，共六个程序。竞争上岗应当制定实施方案，方案应当征求干部群众的意见，由党组讨论决定。**三是明确了拟任人选的产生。**党组应当根据竞争者笔试、面试、民主测评的结果和考察情况，集体讨论决定拟任人选。决定人选拟任职位，应当尊重本人所报志愿。必要时，在听取本人意见的基础上，可由组织统一调剂。对没有合适人选的职位，党组可决定暂时空缺。**四是明确了监督职责。**党政机关竞争上岗工作必须接受上级党委及其组织（人事）部门的监督，接受上级纪检（监察）机关的监督，接受本单位机关党组织和纪检（监察）机构的监督，接受干部、群众的监督。

12.《党政领导干部辞职暂行规定》

建立健全党政领导干部辞职制度，重点是要加强对党政领导干部的管理和监督。2004 年 4 月 8 日，中共中央办公厅印发的《党政领导干部辞职暂行规定》对党组的职责任务作出了明确规定。**一是明确了责任主体。**党委（党组）及其组织（人事）部门，按照干部管理权限履行本规定中的有关职责，负责本规定的组织实施。**二是明确了自愿辞职的程序。**党政领导干部自愿辞职时，按照干部管理权限，党组应当集体研究后作出决定。对申请辞去领导职务同时辞去公职的，党组除对是否同意其辞去领导职务作出决定外，还应对是否同意其辞去公职作出决定，党组作出同意辞职决定后，要按照有关规定办理辞职手续。由人大、政协选举、任命、决定任命的领导干部，应当依照法律或者政协章程的有关规定办理，党组应当自接到干部辞职申请之日起三个月内予以答复。**三是明确了引咎辞职的程序。**党政领导干部引咎辞职时，按照干部管理权限，党组应当集体研究后作出决定，党组的决定应当及时通知干部所在单位和干部本人。党组作出同意辞职决定后，按照有关规定办理辞职手续，党组应当自接到干部引咎辞职申请三个月内予以答复。**四是明确了责令辞职的程序。**党组及其组织（人事）部门应当根据党政领导干部任职期间的表现，认定其已不再适合担任现职，可以通过一定程序责令其辞去现任领导职务。责令辞职时，党组作出责令干部辞职的决定，应当指派专人与干部本人谈话。党组接到申诉后，应当及时组织人员进行核查，并在一个月内作出复议决定。

13.《党政领导干部职务任期暂行规定》

2006 年 6 月 10 日，中共中央办公厅印发的《党政领导干部职务任期暂行规定》对规范党政领导干部职务任期和任期管理工作，保持领导干部任期内的稳定，增强干部队伍的活力具有重要的意义。《规定》对党委（党组）的职责任务作出了明确规定。**一是明确了责任主体。**各级党委（党组）及其组织（人事）部门应当按照干部管理权限，负责本规定的组织实施，对执行本规定的情况进行监督，对违反本规定的行为予以纠正。**二是明确了任期的年限。**党政领导职务每个任期为 5 年，任期内应当保持稳定，除有特殊情形以外，应当任满一个任期。党政领导干部在一个任期内因工作特殊需要调整职务，一般不得超过一次。民族自治地方的少数民族党政领导干部执行本规定相关条款，经批准可以适当放宽。党政领导干部任期内调整职务，任职 3 年以上的，计算为一个任期；任职不足 3 年的，只计算任职年限，不计算任期届数。

14.《党政领导干部交流工作规定》

推进党政领导干部交流工作，对于进一步优化领导班子结构，提高领导干部的素质和能力具有重要意义。2006 年 6 月 10 日，中共中央办公厅印发的《党政领导干部交流工作规定》对党委（党组）的职责任务作出了明确规定。**一是明确了责任主体。**干部交流工作按照干部管理权限组织实施，根据工作需要，上级党委（党组）及其组织（人事）部门也可直接组织实施。**二是明确了交流纪律。**干部交流必须严格执行相关纪律，任何地方和单位必须执行上级党委（党组）关于干部交流的决定，不得以任何理由拒绝执行。**三是明确了交流程序。**各级党委（党组）必须严格执行干部交流程序，集体研究决定交流对象，不得借干部交流突击提拔干部，任何人不得借干部交流对干部进行打击报复。**四是明确了管理和监督。**党委（党组）及其组织（人事）部门应当负责对干部交流工作进行监督检查，受理有关举报、申诉，制止、纠正违反本规定的行为，对有关责任人要提出处理意见或者建议。党委（党组）及其组织（人事）部门应关心爱护交流干部，妥善安排其工作、生活，充分发挥他们的作用。干部调入、调出单位应当相互配合，帮助交流干部解决困难和问题，解除其后顾之忧。党委（党组）及其组织（人事）部门应当跟踪了解交流干部的思想、工作情况，加强教育、管理和监督。

15.《党政领导干部任职回避暂行规定》

为了加强对党政领导干部的管理和监督，保证领导干部公正履行职责，促进党风廉政建设，2006 年 6 月 10 日，中共中央办公厅印发的《党政领导干部任职回避暂行规定》对党委（党组）的职责任务作出了明确规定。一

是明确了责任主体。各级党委（党组）应按照干部管理权限，负责本规定的组织实施，对执行党政领导干部任职回避制度的情况进行监督，对违反本规定的行为予以纠正。**二是明确了回避的提出和处理**。领导干部任职时存在需要回避情况的，按照干部管理权限由组织（人事）部门提出回避意见，报党组作出决定；领导干部任职期间出现需要回避情况的，本人应当提出回避申请。所在单位党组织发现其有需要回避情况的应当提出回避建议，要按照干部管理权限由组织（人事）部门审核后提出意见，报党组作出决定。

16.《关于党员领导干部述职述廉的暂行规定》

党员领导干部述职述廉工作是加强党员领导干部管理和监督的重要内容。2005 年 12 月 19 日，中共中央办公厅印发的《关于党员领导干部述职述廉的暂行规定》对党委（党组）在党员领导干部述职述廉工作中的职责任务作出了明确规定。**一是明确了组织实施的主体**。党委（党组）负责本地区本单位党员领导干部述职述廉工作的组织实施。**二是明确了述职述廉的程序**。在述职述廉前，党组要广泛征求干部群众对领导班子成员的意见，并由主要负责人如实反馈给本人，对领导班子主要负责人的意见，由上一级纪律检查机关和组织（人事）部门反馈。在本地区本单位的述职述廉工作结束后一个月内，党组将述职述廉工作总结报上一级党委（党组），并分别抄送上一级纪律检查机关和组织（人事）部门。党组（党委）的领导班子成员应当按程序进行述职述廉，地方各级党委、纪委及党委工作部门的领导班子成员，人大常委会、政府、政协、人民法院、人民检察院及政府工作部门的党组（党委）成员，县级以上党委、政府派出机关、直属机构、办事机构、直属事业单位和工会、共青团、妇联等人民团体的领导班子中的党员干部、非中共党员领导干部，相当于上述级别的党组（党委）的领导班子成员在届中和换届前一年结合领导班子民主生活会进行述职述廉。**三是明确了述职述廉的方式**。政府领导班子中担任两个以上领导职务的党员干部，应当分别在任职的领导班子的民主生活会上述职述廉。在县级以上党委、政府工作部门领导班子中担任两个以上领导职务的党员干部，可以在任主要领导职务的领导班子的民主生活会上述职述廉。

17.《干部选拔任用工作监督检查和责任追究办法》

规范干部选拔任用工作监督检查和责任追究是落实全面从严治党和从严管理干部的工作要求。2019 年 5 月 13 日，中共中央办公厅印发的《干部选拔任用工作监督检查和责任追究办法》对党委（党组）的职责任务作出了明确规定。**一是明确了责任主体。**党委（党组）应当负责干部选拔任用工作的监督检查和责任追究。党委（党组）对违规选人用人问题，负全面领导责任；领导班子主要负责人和直接主管的班子成员承担主要领导责任，参与决策的领导班子其他成员承担领导责任。**二是对建立健全监督检查工作机制作出明确规定。**完善党委（党组）领导班子内部监督，党委（党组）研究干部任免事项，应当把酝酿贯穿始终，认真听取班子成员意见。会议讨论决定时，领导班子成员应当逐一发表意见，主要负责人最后表态。领导班子成员对人选意见分歧较大时，应当暂缓表决。不得以个别征求意见、领导圈阅等形式代替集体讨论决定。**三是对“一报告两评议”事项作出明确规定。**党委（党组）每年应当结合全会或者领导班子和领导干部年度总结考核，报告干部选拔任用工作情况，接受对年度干部选拔任用工作和所提拔任用干部的民主评议。**四是明确了责任追究。**在干部选拔任用工作中，若有民主集中制执行不到位，党委（党组）领导把关作用发挥不力，出现重大用人失察失误，产生恶劣影响；用人导向出现偏差，选人用人不正之风严重，干部不担当不作为问题突出，干部群众反映强烈；落实主体责任不到位，对选人用人问题和干部不担当不作为问题不处置、不整改、不问责，造成严重后果；维护和执行组织人事纪律不力，导致选人用人违规违纪行为多发，造成恶劣影响及其他应当追究的失职失责情形，应当追究党委（党组）及其主要负责人或者直接主管的领导班子成员、参与决策的领导班子其他成员的责任。党委（党组）有本办法所列应当追究责任的情形，情节较轻的，责令作出书面检查；情节较重的，责令整改并在一定范围内通报；情节严重、本身又不能纠正的，应当予以改组。

18.《关于对党员领导干部进行诫勉谈话和函询的暂行办法》

为加强和改进对党员领导干部的日常教育和管理，2005 年 12 月 19 日，中共中央办公厅印发的《关于对党员领导干部进行诫勉谈话和函询的暂行办法》明确规定了党委（党组）在诫勉谈话和函询工作的职责任务。**一是明确了进行诫勉谈话和函询的责任主体**。纪律检查机关和组织（人事）部门按照干部管理权限，根据党委（党组）要求，可以对党员领导干部进行诫勉谈话和函询。对下一级领导班子成员，根据具体情况，也可以委托其所在党委（党组）的主要负责人进行诫勉谈话。**二是明确规定应当进行诫勉谈话的具体情形**。出现不能严格遵守党的政治纪律，贯彻落实党的路线方针政策和上级党组织决议、决定以及工作部署不力；不认真执行民主集中制，作风专断，或者在领导班子中闹无原则纠纷；不认真履行职责，给工作造成一定损失；搞华而不实和脱离实际的“形象工程”“政绩工程”，铺张浪费，造成不良影响；不严格执行《党政领导干部选拔任用工作条例》，用人失察失误；不严格执行廉洁自律规定，造成不良影响等情况，应当对党员领导干部进行诫勉谈话。**三是明确了监督和追责**。纪律检查机关和组织（人事）部门应当采取适当方式，对诫勉谈话对象存在的主要问题的改正情况进行了解；根据党委（党组）的意见，对于没有改正或者改正不明显的，应当予以批评教育并督促改正，或者作出组织处理。

党的基层组织执行的中央党内法规

一、党的基层组织制度

1.《中国共产党党和国家机关基层组织工作条例》

党的十八大以来，以习近平同志为核心的党中央对全面从严治党、加强机关党的建设作出一系列重要部署。2019 年 11 月 29 日，中共中央修订了《中国共产党党和国家机关基层组织工作条例》，对于加强和改进机关党的建设，全面提高机关党的建设质量，充分发挥机关基层党组织的作用，推动机关治理和各项事业发展，具有十分重要的意义。《条例》深入贯彻习近平新时代中国特色社会主义思想，贯彻落实新时代党的建设总要求和新时代党的组织路线，充分吸收近年来机关党的工作的理论、实践和制度创新成果，是新时代机关党的建设的基本遵循。

《条例》共 9 章 43 条，分别从指导思想、目标原则、组织设置、基本职责、党的政治建设、党员队伍建设、党内民主和监督、党务工作人员队伍建设、领导和保障等方面对机关基层党组织工作作出规定。**一是明确了机关党建工作责任。**机关党建工作在各级党委领导下，由同级机关工委统一领导、单位党组（党委）具体领导和管理。机关工委要加强对所属机关党的工作的统一领导，指导督促党组（党委）履行机关党建主体责任。党组（党委）要领导机关和直属单位党组织的工作，每年通报抓机关党建工作情况、接受评议，同时加强对党组织关系实行属地管理的下级单位、归口领导或管理单位党建工作的指导。党组（党委）讨论决定基层党组织设置调整、发展党员、处分党员等重要事项的工作程序。为推动和保障党建责任落实，突出把抓好党建作为最大的政绩，将落实机关党建责任、加强机关党建工作情况纳入各单位领导班子以及领导干部考核内容，开展党组织书记抓基层党建述职评议考核工作。**二是明确了机关基层党组织的定位和基本职责。**机关基层党组织要协助本单位负责人完成任务，改进工作，对包括本单位负责人在内的每个党员进行教育、管理、监督，不领导本单位业务工作。机关基层党组织必须把党的政治建设摆在首位，落实党的政治建设责任，在加强党的政治建设上带好头、作示范；机关党的基层委员会履行深入学习和贯彻习近平新时代中国特色社会主义思想，贯彻落实党中央的方针政策；推进“两学一做”学习教育常态化制度化，组织党员学习；对党员进行教育、管理、监督和服务；密切联系群众；做好发展党员工作；做好思想政治工作和意识形态工作；领导群团组织和直属单位党的工作等九项职责。机关党的纪律检查委员会履行监督、执纪、问责等职责。**三是优化了组织设置。**机关党员 100 人以上的，设立党的基层委员会，由党员大会或者党员代表大会选举产生，每届任期一般为 5 年；党员 50 人以上、100 人以下的，设立党的总支部委员会，由党员大会选举产生，每届任期一般为 3 年；正式党员 3 人以上的，成立党支部。正式党员 7 人以上的党支部，设立支部委员会；正式党员不足 7 人的党支部，设 1 名书记，必要时可以设 1 名副书记，每届任期一般为 3 年。机关党的基层委员会和不设党的基层委员会的总支部委员会的书记，应当由本单位党员负责人担任。党员人数和直属单位较多的机关党的基层委员会，设专职副书记。党支部书记原则上由本单位党员主要负责人担任。机关党的基层委员会应当设立机关党的纪律检查委员会。机关党的纪律检查委员会书记由机关党的基层委员会副书记担任。机关党的总支部委员会和支部委员会设立纪律检查委员。**四是加强了机关党员、党务工作人员队伍建设。**加强党员教育，坚持集中教育和经常性教育相结合、组织培训和个人自学相结合，组织党员和党组织领导班子成员参加集中培训；严格党的组织生活，提高“三会一课”质量，落实谈心谈话、民主评议党员和主题党日等制度，党员领导干部应当自觉参加双重组织生活，推动所在党支部建设成为先进党支部；关心关爱党员，建立健全党内关怀帮扶长效机制；做好发展党员工作，要把政治标准放在首位，严格发展程序，严肃工作纪律，保证发展质量。把党务工作岗位作为培养锻炼干部的重要平台，选拔政治强、业务精、作风好的干部专兼职从事党务工作。按照占机关工作人员总数的 1% 至 2% 的比例，配备机关专职党务工作人员。

2.《中国共产党国有企业基层组织工作条例（试行）》

国有企业是中国特色社会主义的重要物质基础和政治基础，是党执政兴国的重要支柱和依靠力量。2019 年 12 月 30 日，中共中央印发的《中国共产党国有企业基层组织工作条例（试行）》深入贯彻习近平新时代中国特色社会主义思想、贯彻落实新时代党的建设总要求和新时代党的组织路线、坚持和加强党对国有企业的全面领导，对于完善中国特色现代企业制度，增强国有经济竞争力、创新力、控制力、影响力、抗风险能力，做强做优做大国有资本，具有十分重要的意义。

《条例》共 9 章 41 条，分别从组织设置、主要职责、党的领导和公司治理、党员队伍建设、党的政治建设、党内民主和监督、领导和保障等方面对国有企业基层组织工作作出规定。**一是明确了主要职责。**国有企业党委（党组）应当发挥领导作用，把方向、管大局、保落实，应当依照规定讨论和决定企业重大事项，依规履行主要职责。国有企业党支部（党总支）以及内设机构中设立的党委应当围绕生产经营开展工作，发挥战斗堡垒作用，依规履行主要职责。**二是规范了组织设置。**国有企业党员人数有 100 人以上的，设立党的基层委员会（以下简称党委）。党员人数不足 100 人、确因工作需要的，经上级党组织批准，也可以设立党委。党员人数 50 人以上、100 人以下的，应设立党的总支部委员会（以下简称党总支）。党员人数不足 50 人、确因工作需要的，经上级党组织批准，也可以设立党总支。正式党员 3 人以上的，应当成立党支部。正式党员 7 人以上的党支部，应设立支部委员会。**三是加强了党的领导和公司治理。**国有企业应当将党建工作要求写入公司章程；坚持和完善“双向进入、交叉任职”领导体制；按照干部管理权限，规范动议提名、组织考察、讨论决定等程序，做好选配企业领导人员工作，加大优秀年轻领导人员培养选拔力度，加强企业领导人员管理监督；健全以职工代表大会为基本形式的民主管理制度。**四是加强了党员队伍建设。**国有企业党组织不仅要形成学习的长效机制、严肃党的组织生活和强化党员日常管理，还要按照有关规定发展党员，坚持把政治标准放在首位；更要严格执行党的纪律，对违犯党的纪律的党员，按照党内有关规定及时进行教育或者处理。**五是加强了党的政治建设。**国有企业党组织必须把党的政治建设摆在首位，担负起党的政治建设责任。要坚持用党的创新理论武装党员干部职工，突出政治教育和政治训练；坚持以社会主义核心价值观引领企业文化建设，把思想政治工作作为经常性、基础性工作来抓；要坚持党建带群建，充分发挥群团组织桥梁纽带作用。**六是加强了党内民主和监督。**国有企业党组织应当落实党员的知情权、参与权、选举权、监督权，畅通党员参与党内事务的途径，推进党务公开，建立健全党员定期评议党组织领导班子等制度；应当落实全面从严治党责任，强化政治监督，加强对党的理论和路线方针政策以及重大决策部署贯彻落实的监督检查；落实党内监督责任，建立健全党内监督制度机制，强化日常管理和监督，充分发挥内设纪检组织、党委工作机构、基层党组织和党员的监督作用。**七是加强了组织领导和强化了支持保障。**国有企业党组织要履行党的建设主体责任，书记履行第一责任人职责，专职副书记履行直接责任，内设纪检组织负责人履行监督责任，党组织领导班子其他成员履行“一岗双责”，董事会、监事会和经理层党员成员应当积极支持、主动参与企业党建工作。各级党组织应当强化党建工作责任制落实情况的督促检查，层层传导压力，推动工作落实。国有企业党组织要全面推行党组织书记抓基层党建述职评议考核，强化考核结果运用，考核结果在一定范围内通报，并作为企业领导人员政治素质考察和综合考核评价的重要依据。国有企业党组织要通过纳入管理费用、党费留存等渠道，保障企业党组织工作经费，并向生产经营一线倾斜。纳入管理费用的部分，一般按照企业上年度职工工资总额1%的比例安排，由企业纳入年度预算。同时，国有企业党组织要坚持有责必问、失责必究。对国有企业党的建设思想不重视、工作不得力的，应当及时提醒、约谈或者通报批评，限期整改。对违反本条例规定的，按照有关规定追究责任。

3.《中国共产党农村基层组织工作条例》

农村基层党组织是党在农村全部工作和战斗力的基础，坚持党管农村工作、重视和加强农村基层党组织建设是我们党的优良传统。2018 年 12 月 28 日，中共中央印发了《中国共产党农村基层组织工作条例》。《条例》以习近平新时代中国特色社会主义思想为指导，贯彻党章和新时代党的建设总要求、新时代党的组织路线，是新时代党的农村基层组织建设的基本遵循；对于坚持和加强党对农村工作的全面领导，打赢脱贫攻坚战、深入实施乡村振兴战略，推动全面从严治党向基层延伸，提高党的农村基层组织建设质量，巩固党在农村的执政基础，具有十分重要的意义。

《条例》共 10 章 48 条，分别从组织设置、职责任务、经济建设、精神文明建设、乡村治理、领导班子和干部队伍建设、党员队伍建设、领导和保障等方面对农村基层组织工作作出规定。**一是明确了农村基层党组织的领导地位。**乡镇党的委员会（以下简称乡镇党委）和村党组织（村指行政村）是党在农村的基层组织，是党在农村全部工作和战斗力的基础，全面领导乡镇、村的各类组织和各项工作，必须坚持党的农村基层组织领导地位不动摇。**二是规范了农村基层党组织的设置。**以村为基本单元设置党组织。有正式党员 3 人以上的村，应当成立党支部；不足 3 人的，可以与邻近村联合成立党支部。党员人数超过 50 人的村，或者党员人数虽不足 50 人、确因工作需要的村，可以成立党的总支部。党员人数 100 人以上的村，根据工作需要，经县级地方党委批准，可以成立党的基层委员会，下设若干党支部；村党的委员会受乡镇党委领导。村党的委员会、总支部委员会、支部委员会每届任期 5 年，由党员大会选举产生。党员人数 500 人以上的村党的委员会，经乡镇党委批准，可以由党员代表大会选举产生。村改社区应当同步调整或者成立党组织。村及以下成立或者撤销党组织，必须经乡镇党委或者以上党组织批准。乡镇党委一般设委员 7 至 9 名，其中书记 1 名、副书记 2 至

3名，应当设组织委员、宣传委员，纪委书记由党委委员兼任。党委委员按照乡镇领导职务配备，应当进行合理分工，保证各项工作有人负责。村党的支部委员会一般设委员3至5名，其中书记1名，必要时可以设副书记1名；正式党员不足7人的支部，不设支部委员会。村党的总支部委员会一般设委员5至7名，其中书记1名、副书记1名、纪检委员1名。村党的委员会一般设委员5至7名，最多不超过9名，其中书记1名、副书记1至2名、纪委书记1名。**三是明确了乡镇党委和村党组织的主要职责。**分别明确了乡镇党委和村党组织的主要职责包括宣传和贯彻执行党的路线方针政策和党中央、上级党组织及本乡镇党员代表大会（党员大会）的决议等六项职责。**四是明确农村基层党组织领导经济建设、精神文明建设、乡村治理的重点任务。**其中乡村治理是一个突破和亮点，强调党的农村基层组织应当健全党组织领导的自治、法治、德治相结合的乡村治理体系。**五是对加强农村基层党组织领导班子和干部队伍建设、加强党员队伍建设提出明确要求。**乡镇党委领导班子每年至少召开1次民主生活会，村党组织领导班子每年至少召开1次组织生活会，严肃认真地开展批评和自我批评，接受党员、群众的监督。注重从优秀村党组织书记、选调生、大学生村官、乡镇事业编制人员中选拔乡镇领导干部，从优秀村党组织书记中考录乡镇公务员、招聘乡镇事业编制人员。重视发现培养选拔优秀年轻干部、女干部和少数民族干部。同时明确根据工作需要，上级党组织可以向村党组织选派第一书记。乡镇党委每年至少对全体党员分期分批集中培训1次。村党组织应当以党支部为单位，每月相对固定1天开展主题党日，组织党员学习党的文件、上党课，开展民主议事、志愿服务等，突出党性锻炼，防止表面化、形式化。党员领导干部应当定期为基层党员讲党课。党支部应当经常开展谈心谈话。流动党员每半年至少向流出地党组织汇报1次在外情况。**六是强化了各级党委特别是县级党委要认真履行农村基层组织建设主体责任。**县级党委每年至少对村党组织书记培训1次。各级党委特别是县级党委应当高度重视党的农村基层组织建设，认真履行主体责任。党的农村基层组织建设情况应当作为市县乡党委书记抓基层党建述职评议考核的重要内容，纳入巡视巡察工作内容，作为领导班子综合评价和领导干部选拔任用的重要依据。县级党委组织部门应当以足够精力抓好党的农村基层组织建设。对党的农村基层组织建设重视不够、落实不力的，应当及时提醒、约谈；出现严重问题的，应当严肃问责追责。督促抓好问题的整改落实。

4.《中国共产党普通高等学校基层组织工作条例》

近年来，我国高等学校党的形势、任务和高等教育管理体制、高等学校教学科研组织方式、内部管理模式发生的深刻变化，对加强高等学校党的建设提出了新的要求。2021 年 4 月 16 日，中共中央印发的《中国共产党普通高等学校基层组织工作条例》对加强和改善党对普通高等学校的领导，加强高等学校党的建设和办好有中国特色的社会主义大学具有十分重要的意义。

《条例》共 10 章 39 条，分别从组织的设置、组织的主要职责、党的纪律检查工作、党员队伍建设、干部和人才工作、思想政治工作、对群团组织的领导、领导和保障等方面对普通高等学校基层组织工作作出规定。**一是明确了责任主体和领导制度。**高校实行党委领导下的校长负责制。高校党的委员会全面领导学校工作，支持校长按照《中华人民共和国高等教育法》的规定积极主动、独立负责地开展工作，保证教学、科研、行政管理等各项任务的完成。高校党委实行民主集中制，健全集体领导和个人分工负责相结合的制度。凡属重大问题都应当按照集体领导、民主集中、个别酝酿、会议决定的原则，由党委集体讨论，作出决定；党委成员应当根据集体的决定和分工，切实履行职责。**二是明确了组织设置。**高校党委由党员大会或者党员代表大会选举产生，每届任期 5 年。党委对党员大会或者党员代表大会负责并报告工作，党员代表大会代表实行任期制。规模较大、党员人数较多的高校，根据工作需要，经上级党组织批准，党委可以设立常务委员会。高校院（系）级单位根据工作需要和党员人数，经学校党委批准，设立党的基层委员会、总支部委员会、支部委员会。有正式党员 7

人以上的党支部，应当设立党支部委员会；正式党员不足 7 人的党支部，设 1 名书记，必要时可以设 1 名副书记，由党支部党员大会选举产生。党支部委员会和不设支部委员会的支部书记、副书记每届任期一般为 3 年。高校院（系）级以下单位设立党支部，应当与教学、科研、管理、服务等机构相对应。**三是明确了高校党委、高校院（系）级单位党组织、教职工党支部、学生党支部的主要职责。**高校党委承担管党治党、办学治校主体责任，把方向、管大局、作决策、抓班子、带队伍、保落实，并依规履行主要职责；高校院（系）级单位党组织应当强化政治功能，履行政治责任，保证教学科研管理等各项任务完成，支持本单位行政领导班子和负责人开展工作，健全集体领导、党政分工合作、协调运行的工作机制，并依规履行主要职责；教职工党支部围绕本单位改革发展稳定等开展工作，落实立德树人根本任务，发挥教育管理监督党员和组织宣传凝聚服务师生员工的作用，并依规履行主要职责；学生党支部应当加强思想政治引领，筑牢学生理想信念根基，引导学生刻苦学习、全面发展、健康成长，并依规履行主要职责。**四是明确了党的纪律检查工作。**高校设立党的基层纪律检查委员会，高校纪委由党员大会或者党员代表大会选举产生，在同级党委和上级纪委双重领导下进行工作。上级纪委在监督检查、纪律审查等方面强化对高校纪委的领导。实行向高校派驻纪检监察机构的，派驻纪检监察机构根据授权履行纪检、监察职责，代表上级纪委监委对高校党委进行监督。**五是明确了党员队伍建设的新要求和新标准。**高校党组织应当构建多层次、多渠道的党员经常性学习教育体系，严格党的组织生活，强化党员日常管理，尊重党员主体地位，发扬党内民主，保障党员权利，推进党务公开；加强党员队伍建设应当把政治标准放在首位，加强对入党积极分子的教育、培养和考察，加强在高层次人才、优秀青年教师和优秀学生中发展党员工作；高校党委应当设立党校。党校的主要任务是培训党员、干部和入党积极分子。**六是明确了干部管理和人才队伍建设新要求。**高校党委应当坚持党管干部原则，按照干部管理权限对学校干部实行统一管理。选拔任用干部，必须突出政治标准，坚持德才兼备、以德为先，坚持五湖四海、任人唯贤，坚持事业为上、公道正派，坚持注重实绩、群众公认，努力实现干部队伍革命化、年轻化、知识化、专业化，建设忠诚干净担当的高素质专业化干部队伍。选拔任用学校中层管理人员，由高校党委及其组织部门按照有关规定进行分析研判和动议、民主推荐、考察，充分听取有关方面意见，经高校党委（常委会）集体讨论决定，按照规定程序办理。**七是明确了开展思想政治工作的具体要求。**高校党委应当牢牢掌握党对学校意识形态工作的领导权，统一领导学校思想政治工作。发挥行政系统、群团组织、学术组织和广大教职工的作用，共同做好思想政治工作。高校党组织应当把理想信念教育放在首位，把立德树人作为根本任务，构建思想政治工作体系，加强意识形态阵地管理。**八是明确了对群团组织的领导。**高校党委应当研究工会、共青团、妇女组织等群团组织和学生会（研究生会）、学术组织工作中的重大问题，加强学生社团管理，支持他们依照法律和各自章程开展工作。高校党委领导教职工代表大会，支持教职工代表大会正确行使职权，在参与学校民主管理和民主监督、维护教职工合法权益等方面发挥积极作用。**九是明确了其他领导和保障。**各级党委及其有关部门、有关国家机关党组（党委）应当把高校基层党组织建设作为党建工作的重要内容，摆在突出位置，纳入整体部署，坚持属地管理原则，坚持管班子管业务与管党建管思想政治工作相结合，形成党委统一领导，教育工作领导小组牵头协调，纪检机关和组织、宣传、统战、教育工作等部门密切协作、齐抓共管的工作格局。

5.《中国共产党基层组织选举工作条例》

党章规定，党的各级领导机关，除它们派出的代表机关和在非党组织中的党组外，都由选举产生。党内选举制度在党内法规制度体系中具有重要地位。2020 年 7 月 13 日，中共中央发布的《中国共产党基层组织选举工作条例》是以习近平新时代中国特色社会主义思想为指导，以党章为根本遵循，深入贯彻党的十九大和十九届二中、三中、四中全会精神，贯彻落实新时代党的建设总要求和新时代党的组织路线，是新时代基层党组织选举工作的基本遵循；对于发扬党内民主、尊重和保障党员民主权利、规范基层党组织选举，增强基层党组织政治功能和组织力，把基层党组织建设成为宣传党的主张、贯彻党的决定、领导基层治理、团结动员群众、推动改革发展的坚强战斗堡垒，巩固党长期执政的组织基础，具有重要意义。

《条例》共 7 章 41 条，分别从代表的产生、委员会的产生、选举的实施、呈报审批、纪律和监督等方面对基层组织选举工作作出规定。**一是明确了党的基层组织设立的委员会选举产生的要求。**党的基层组织设立的委员会任期届满应当按期进行换届选举。党的基层组织设立的委员会一般由党员大会选举产生。党员人数在 500 名以上或者所辖党组织驻地分散的，经上级党组织批准，可以召开党员代表大会进行选举。正式党员有表决权、选举权、被选举权。受留党察看处分的党员在留党察看期间没有表决权、选举权和被选举权；预备党员没有表决权、选举权和被选举权。党员被依法留置、逮捕的，党组织应当按照管理权限中止其表决权、选举权和被选举权等党员权利。选举应当充分发扬民主，尊重和保障党员的民主权利，体现选举人的意志。**二是明确了代表的产生程序。**党员代表大会的代表应当具有履行职责的能力，能反映本选举单位的意见，代表党员的意志。代表的名额一般为 100 名至 200 名，最多不超过 300 名，代表候选人的差额不少于应选人数的 20%。代表的产生应当按照规定程序执行，上届党的委员会成立代表资格审查小组，负责对代表的产生程序和资格进行审查。**三是规定了委员会的产生程序。**党的基层组织设立的委员会委员候选人，应当按照德才兼备、以德为先和班子结构合理的原则提名。委员候选人的差额不少于应选人数的 20%，党的总支部委员会、支部委员会委员，党的基层委员会和经批准设立的纪律检查委员会委员，以及党的基层组织设立的委员会的书记、副书记的产生，均按照规定进行选举。经批准设立常务委员会的委员会，其常务委员会委员候选人，由上届委员会按照比应选人数多 1 至 2 人的差额提出，报上级党组织审查同意后，在委员会全体会议上进行选举。委员会委员在任期内出缺，一般应当召开党员大会或者党员代表大会补选。**四是规定了选举的实施。**进行选举时，有选举权的到会人数不少于应到会人数的五分之四，会议有效。召开党员大会进行选举，由上届委员会主持。选举前，选举单位的党组织或者大会主席团应当以适当方式将候选人的简历、工作实绩和主要优缺点向选举人作出实事求是的介绍，对选举人提出的询问作出负责的答复。根据选举人的要求，可以组织候选人与选举人见面，回答选举人提出的问题。选举设监票人，负责对选举全过程进行监督。选举设计票人，计票人在监票人监督下进行工作。选举采用无记名投票的方式，选举人对候选人可以投赞成票或者不赞成票，也可以弃权。选举收回的选票数，等于或者少于投票人数，选举有效；多于投票人数，选举无效，应当重新选举。实行差额预选时，赞成票超过应到会有选举权人数半数的，方可列为正式候选人。进行正式选举时，被选举人获得的赞成票超过应到会有选举权人数半数的，始得当选。**五是明确了呈报审批程序。**召开党员大会或者党员代表大会的请示，应当按照党组织隶属关系，报有审批权限的上级党组织审批。新一届党的委员会和纪律检查委员会委员、常务委员会委员和书记、副书记候选人预备人选，一般于召开党员大会或者党员代表大会1个月前，报有审批权限的上级党组织审批。**六是明确了纪律和监督。**在选举中，凡有违反党章和本条例规定行为的，必须认真查处，根据问题的性质和情节轻重，对有关党员给予批评教育直至纪律处分，对失职失责的党组织和党的领导干部进行问责。

二、领导本地区的工作和基层社会治理

6.《中国共产党农村工作条例》

在革命、建设、改革各个历史时期，我们党都把解决好“三农”问题作为关系党和国家事业全局的根本性问题，始终牢牢掌握党对农村工作的领导权。2019年8月19日，中共中央印发的《中国共产党农村工作条例》明确要求坚持农村基层党组织领导地位不动摇，乡镇党委和村党组织全面领导乡镇村的各类组织和各项工作。**一是加强了农村基层党组织建设。**以提升组织力为重点，突出政治功能，把农村基层党组织建设成为宣传党的主张、贯彻党的决定、领导基层治理、团结动员群众、推动改革发展的坚强战斗堡垒，发挥党员先锋模范作用。**二是明确了农村基层党组织领导地位。**村党组织书记应当通过法定程序担任村民委员会主任和村级集体经济组织、合作经济组织负责人，推行村“两委”班子成员交叉任职；加强村党组织对共青团、妇联等群团组织的领导，发挥它们的积极作用；健全村党组织领导下的议事决策机制、监督机制，建立健全村务监督委员会，村级重大事项决策实行“四议两公开”。

三、加强党风廉政建设

7.《农村基层干部廉洁履行职责若干规定（试行）》

农村基层干部是建设社会主义新农村的带头人和贯彻执行党在农村路线方针政策的基本力量。加强农村基层干部队伍建设，促进农村基层干部廉洁履行职责，关系重大，任务艰巨。2011 年 5 月 23 日，中共中央办公厅、国务院办公厅印发的《农村基层干部廉洁履行职责若干规定（试行）》明确要求农村基层干部要廉洁履职。**一是明确了农村基层干部廉洁履职的“禁止”行为。**乡镇领导班子成员和基层站所负责人做到“三禁止”：禁止滥用职权，侵害群众合法权益；禁止利用职务之便，谋取不正当利益；禁止搞不正之风，损害党群干群关系。村党组织领导班子和村民委员会成员做到“五禁止”：禁止在村级组织选举中拉票贿选、破坏选举；禁止在村级事务决策中独断专行、以权谋私；禁止在村级事务管理中滥用职权、损公肥私；禁止在村级事务监督中弄虚作假、逃避监督；禁止妨害和扰乱社会管理秩序。**二是规定村党组织和村民委员会要促进农村基层干部廉洁履职。**完善村规民约，建立廉政承诺制度，健全监督制约机制；健全党组织领导的村级民主自治机制，对村级重大事务实行村党组织提议、村党组织和村民委员会商议、党员大会审议、村民会议或者村民代表会议决议，决议内容和实施结果应当公开；建立健全党务公开、村务公开和财务公开制度。**三是明确了违反规定行为的处理。**乡镇领导班子成员和基层站所负责人违反以上行为，视情节轻重，由有关机关、部门依照职责权限给予诫勉谈话、通报批评、调离岗位、责令辞职、免职、降职等处理；应当追究党纪政纪责任的，依照有关规定给予相应的党纪政纪处分；乡镇党委和政府领导班子成员因工作失职，应当进行问责的，依照《关于实行党政领导干部问责的暂行规定》处理；涉嫌犯罪的，移送司法机关依法处理。村党组织领导班子成员和村民委员会成员违反以上行为，视情节轻重，由有关机关、部门依照职责权限给予警示谈话、责令公开检讨、通报批评等处理；对其中的党员，应当追究党纪责任的，依照《中国共产党纪律处分条例》给予相应的党纪处分；涉嫌犯罪的，移送司法机关依法处理。农村基层干部违反本规定获取的不正当经济利益，应当依法予以没收、追缴或者责令退赔；给国家、集体或者村民造成损失的，应当依照有关规定承担赔偿责任。

党的纪律检查机关执行的中央党内法规

一、党的纪律检查机关制度

1.《中国共产党地方组织选举工作条例》

为了深入贯彻习近平新时代中国特色社会主义思想，贯彻落实新时代党的建设总要求和新时代党的组织路线，坚持和加强党的全面领导，坚持党要管党、全面从严治党，健全党的民主集中制，完善党内选举制度，加强党的地方组织建设，提高党的执政能力和领导水平，2020 年 12 月 28 日，中共中央印发了新修订的《中国共产党地方组织选举工作条例》。《条例》对纪律检查机关的职责任务作出了明确规定。**一是明确了选举方式。**纪律检查委员会委员、常务委员会委员实行差额选举，纪律检查委员会书记、副书记实行等额选举，选举采取无记名投票方式，可以直接采用差额选举办法进行正式选举，也可以先采用差额选举办法预选，产生候选人名单，再进行正式选举。纪律检查委员会委员是由党委会全体会议确定下届委员会组成原则，常委会提出候选人初步人选，党委会组建考察组进行考察；常委会确定预备人选报上一级党委会审批，大会主席团审议预备人选并提请各代表团酝酿，确定候选人，由大会进行选举。**二是细化了选举中的注意事项。**选举纪律检查委员会候选人的差额比例不少于 10%。纪律检查委员会常务委员会委员和书记、副书记是由常委会提出候选人预备人选，报上一级党委会审批，新选举产生的纪律检查委员会召开全体会议，对候选人预备人选进行充分酝酿确定候选人，先选举常务委员会委员，再选举书记、副书记。党的地方各级纪律检查委员会全体会议选举产生的常务委员会委员和书记、副书记，需经同级党的委员会全体会议通过，候选人数应分别多于应选人数1至2人。当选的纪律检查委员会委员，报上一级党的委员会备案；纪律检查委员会常务委员会委员和书记、副书记，报上一级党的委员会审批。选举的实施步骤、呈报审批步骤参照地方党委执行的中央党内法规。

2.《中国共产党纪律检查机关监督执纪工作规则》

党的十九大对坚定不移全面从严治党作出战略部署，党的纪律检查体制改革和国家监察体制改革持续深化，对纪检监察机关依规依纪依法履职尽责提出了新的更高的要求。党中央对纪检监察工作高度重视，决定根据新形势新任务对法规进行完善，并上升为中央党内法规。2018年12月28日，中共中央办公厅印发了《中国共产党纪律检查机关监督执纪工作规则》。《规则》深入贯彻习近平新时代中国特色社会主义思想和党的十九大精神，以党章为根本遵循，坚持和加强党对纪律检查工作的领导，把坚决维护以习近平同志为核心的党中央权威和集中统一领导作为重大政治责任，总结党的十八大以来纪检监察体制改革理论、实践、制度创新成果，强化内控机制，细化监督职责，着力建设一支忠诚坚定、担当尽责、遵纪守法、清正廉洁的纪检监察干部队伍，推动全面从严治党向纵深发展。

《规则》共10章77条，分别从领导体制、监督检查、线索处置、谈话函询、初步核实、审查调查、审理、监督管理等方面对纪律检查机关监督执纪工作作出规定。**一是明确了监督的责任主体**。纪委的职责是监督执纪问责，监委的职责是监督调查处置，纪委监委第一位的职责都是监督。**二是明确了领导体制**。党的纪律检查机关和国家监察机关是党和国家自我监督的专责机关，中央纪委和地方各级纪委贯彻党中央关于国家监察工作的决策部署，审议决定监委依法履职中的重要事项，把执纪和执法贯通起来，实现党内监督和国家监察的有机统一。**三是明确了监督检查的主体和内容**。纪检监察机关应当结合被监督对象的职责，加强对行使权力情况的日常监督，通过多种方式了解被监督对象的思想、工作、作风、生活情况，发现苗头性、倾向性问题或者轻微违纪问题，应当及时约谈提醒、批评教育、责令检查、诫勉谈话，提高监督的针对性和实效性。**四是明确了线索处置方式。**纪检监察机关应当加强对问题线索的集中管理、分类处置、定期清理。信访举报部门归口受理同级党委管理的党组织和党员、干部以及监察对象涉嫌违纪或者职务违法、职务犯罪问题的信访举报，统一接收有关纪检监察机关、派驻或者派出机构以及其他单位移交的相关信访举报，移送本机关有关部门，深入分析信访形势，及时反映损害群众最关心、最直接、最现实的利益问题。**五是明确了谈话和函询方式。**纪检监察机关采取谈话函询方式处置问题线索，应当起草谈话函询报批请示，拟订谈话方案和相关工作预案，按程序报批。需要谈话函询下一级党委（党组）主要负责人的，应当报纪检监察机关主要负责人批准，必要时向同级党委主要负责人报告。**六是明确了初步核实的方式。**纪检监察机关采取初步核实方式处置问题线索，应当制定工作方案，成立核查组，履行审批程序。被核查人为下一级党委（党组）主要负责人的，纪检监察机关应当报同级党委主要负责人批准。**七是明确了审查调查的内容。**纪检监察机关经过初步核实，对党员、干部以及监察对象涉嫌违纪或者职务违法、职务犯罪，需要追究纪律或者法律责任的，应当立案审查调查。**八是明确了审理原则。**应当坚持审查调查与审理相分离的原则，审查调查人员不得参与审理。纪检监察机关案件审理部门对涉嫌违纪或者职务违法、职务犯罪问题，依照规定应当给予纪律处理或者处分的案件和复议复查案件进行审核处理。**九是明确了监督管理和责任追究。**对纪检监察干部越权接触相关地区、部门、单位党委（党组）负责人，私存线索、跑风漏气、违反安全保密规定，接受请托、干预审查调查、以案谋私、办人情案，侮辱、打骂、虐待、体罚或者变相体罚被审查调查人，以违规违纪违法方式收集证据，截留挪用、侵占私分涉案财物，接受宴请和财物等行为，依规依纪严肃处理；涉嫌职务违法、职务犯罪的，依法追究法律责任。

3.《纪检监察机关处理检举控告工作规则》

处理检举控告，是我们党倾听党员和群众呼声，依靠人民群众开展反腐败工作的重要方式，是纪检监察机关贯彻党的群众路线，保障党员民主权利的重要举措。2020 年 1 月 21 日，中共中央办公厅发布的《纪检监察机关处理检举控告工作规则》坚持以习近平新时代中国特色社会主义思想为指导，深入贯彻党的十九大和十九届二中、三中、四中全会精神，着眼坚持和完善党和国家监督体系，贯彻党的群众路线，拓宽党内监督、群众监督渠道，保障检举控告人监督权利，维护党员、干部合法权益，规范纪检监察机关处理检举控告的接收、受理、办理、处置程序，促进监督执纪执法权正确行使，对于增强监督的严肃性、协同性、有效性，推动全面从严治党向纵深发展具有重要意义。

《规则》共 10 章 58 条，分别从检举控告的接收和受理、检举控告的办理、检查督办、实名检举控告的处理、检举控告情况的综合运用、当事人的权利和义务、诬告陷害行为的查处、工作要求及责任等方面对纪检监察机关处理检举控告工作作出规定。**一是明确了检举控告的受理范围。**任何组织和个人对以下 3 种行为有权向纪检监察机关提出检举控告：党组织、党员违反政治纪律、组织纪律、廉洁纪律、群众纪律、工作纪律、生活纪律等党的纪律行为；监察对象不依法履职，违反秉公用权、廉洁从政从业以及道德操守等规定，涉嫌贪污贿赂、滥用职权、玩忽职守、权力寻租、利益输送、徇私舞弊以及浪费国家资财等职务违法、职务犯罪行为；其他依照规定应当由纪检监察机关处理的违纪违法行为。**二是明确了检举控告的接收和受理。**纪检监察机关应当接收检举控告人在规定范围内提出的检举控告。县级以上纪检监察机关应当明确承担信访举报工作职责的部门和人员，设置接待群众的场所，公开检举控告地址、电话、网站等信息，公布有关规章制度，归口接收检举控告。**三是明确了检举控告的办理。**纪检监察机关信访举报部门经筛选，对属于本级受理的初次检举控告，应当移送本机关监督检查部门或者相关部门，并按规定将移送情况通报案件监督管理部门；对于重复检举控告，按规定登记后留存备查，并定期向有关部门通报情况。**四是明确了检查和督办时限。**下级纪检监察机关接到交办的检举控告后，一般应当在 3 个月内办结，并报送核查处理情况；经本机关主要负责人批准，可以延长 3

个月，并向上级纪检监察机关报告。特殊情况需要再次延长办理期限的，应当报上级纪检监察机关批准。检举控告承办机关对拟上报的核查处理情况，应当集体审核研究，经本机关主要负责人批准后，报上一级纪检监察机关。**五是明确了实名检举控告的处理。**纪检监察机关信访举报部门对属于本机关受理的实名检举控告，应当在收到检举控告之日起 15 个工作日内告知实名检举控告人受理情况。重复检举控告的，不再告知。**六是明确了检举控告情况的综合运用。**纪检监察机关应当定期研判所辖地区、部门、单位检举控告情况，对反映的典型性、普遍性、苗头性问题提出有针对性的工作建议，形成综合分析报告，报上一级纪检监察机关，必要时向同级党委报告。**七是明确了当事人的权利和义务。**检举控告人、被检举控告人按照规定享有权利和履行义务。**八是明确了诬告陷害行为的查处。**纪检监察机关应当加强对检举控告的分析甄别，注意发现异常检举控告行为，有重点地进行查证。属于诬告陷害的，依规依纪依法严肃处理，或者移交有关机关依法处理。**九是明确了纪检监察机关及其工作人员工作要求和责任。**纪检监察机关及其工作人员在处理检举控告工作中，应当强化宗旨意识，改进工作作风，注意工作方法，对于不予受理事项或者不合理诉求做好解释说明，不得自以为是、盛气凌人，不得漠视群众疾苦、对群众利益麻木不仁。

二、履行监督职责

（一）对组织建设的监督职责

4.《中国共产党党和国家机关基层组织工作条例》

做好党和国家机关基层组织工作，对于全面提高机关党的建设质量，充分发挥机关基层党组织作用，推动机关治理和各项事业发展具有重要意义。2019年11月29日，中共中央修订的《中国共产党党和国家机关基层组织工作条例》明确规定了纪律检查机关的各项职责任务。**一是规定工作要求。**机关党的纪律检查委员会在同级机关党的基层委员会和上级机关纪检监察工作委员会双重领导下进行工作，并接受派驻纪检监察组的业务指导和监督检查；机关纪检监察工作委员会作为同级纪委监委的派出机构，在同级纪委监委、党的机关工作委员会双重领导下，领导各单位机关党的纪律检查委员会工作；党组（党委）按照干部管理权限，讨论决定处分党员有关事项，在作出党纪处分决定前应当与派驻纪检监察组交换意见。处分决定生效后，有关处分决定和材料应当按照要求报机关纪检监察工作委员会备案。**二是规范设置条件。**机关基层委员会应当设立机关党的纪律检查委员会，其书记由机关党的基层委员会副书记担任。机关党的总支部委员会和支部委员会设立纪律检查委员。**三是明确职责任务。**机关党的纪律检查委员会的职责是监督、执纪、问责，主要包括：维护党章和其他党内法规，经常对党员进行遵守纪律的教育，作出关于维护党的决定；检查党组织和党员贯彻执行党的路线、方针、政策和决议的情况，对党组织和党员领导干部履行职责、行使权力进行监督；协助机关党的基层委员会推进全面从严治党；受理处置党员群众检举举报；检查、处理党组织和党员违反党章和其他党内法规的案件，进行问责或者提出责任追究的建议；受理党员控告和申诉；保障党员权利。

5.《中国共产党国有企业基层组织工作条例（试行）》

国有企业是中国特色社会主义的重要物质基础和政治基础，是党执政兴国的重要支柱和依靠力量。坚持党的领导、加强党的建设是国有企业的“根”和“魂”，是我国国有企业的光荣传统和独特优势。2019年12月30日，中共中央印发的《中国共产党国有企业基层组织工作条例（试行）》对国有企业党委设立的纪律检查委员会和纪律检查委员均作出了明确的规定。《条例》明确了国有企业党委应当设立纪律检查委员会或者纪律检查委员，党总支和支部委员会要设立纪律检查委员；国有企业内设纪检组织应当履行监督执纪问责职责，协助党委推进全面从严治党、加强党风建设和组织协调反腐败工作，精准运用监督执纪“四种形态”，坚决惩治和预防腐败；各级纪委监委派驻企业的纪检监察机构应当根据授权履行纪检、监察职责，代表上级纪委监委对企业党委（党组）实行监督，督促推动国有企业党委（党组）落实全面从严治党主体责任。

6.《中国共产党普通高等学校基层组织工作条例》

近年来，我国高等学校党的形势、任务和高等教育管理体制、高等学校教学科研组织方式、内部管理模式发生的深刻变化，对加强高等学校党的建设提出了新的要求。2021年4月16日，中共中央印发的《中国共产党普通高等学校基层组织工作条例》对高等学校设立党的基层纪律检查委员会的相关事项作出了明确规定。**一是明确了高校纪律检查委员会的设置。**高校设立党的基层纪律检查委员会，高校纪委由党员大会或者党员代表大会选举产生，在同级党委和上级纪委双重领导下进行工作。上级纪委在监督检查、纪律审查等方面强化对高校纪委的领导。实行向高校派驻纪检监察机构的，派驻纪检监察机构根据授权履行纪检、监察职责，代表上级纪委监委对高校党委进行监督。**二是明确了高校纪委工作机构的设立和人员配备。**高校纪委设立专门工作机构，配备必要的工作人员。高校党委视具体情况在院（系）级单位党委设立纪委或者纪律检查委员。党的总支部委员会和支部委员会设纪律检查委员。**三是明确了高校纪委的职责任务。**高校纪委是高校党内监督专责机关，履行监督执纪问责职责。主要任务是维护党章和其他党内法规，检查党的路线方针政策和决议的执行情况，协助高校党委推进全面从严治党、加强党风建设和组织协调反腐败工作；经常对党员进行遵守纪律的教育，作出关于维护党纪的决定；对党的组织和党员领导干部履行职责、行使权力进行监督，受理处置党员群众检举举报，开展谈话提醒、约谈函询；检查和处理党的组织和党员违反党章和其他党内法规的比较重要或者复杂的案件，决定或者取消对这些案件中的党员的处分；进行问责或者提出责任追究的建议；受理党员的控告和申诉，保障党员权利不受侵犯。**四是明确了高校纪委的报告制度。**高校纪委应当严格按照职责权限和工作程序处理违犯党纪的线索和案件，把处理特别重要或者复杂案件中的问题和处理结果，向同级党委和上级纪委报告。

7.《党委（党组）落实全面从严治党主体责任规定》

党委（党组）落实全面从严治党主体责任，是党中央健全全面从严治党责任制度的重要举措。2020 年 3 月 9 日，中共中央办公厅印发的《党委（党组）落实全面从严治党主体责任规定》明确要求党的纪律检查机关在履行全面从严治党监督责任同时，应当通过重大事项请示报告、提出意见建议、监督推动党委（党组）决策落实等方式，协助党委（党组）落实全面从严治党主体责任。

（二）对干部队伍建设的监督职责

8.《党政领导干部选拔任用工作条例》

选拔大批党和人民需要的信念坚定、为民服务、勤政务实、敢于担当、清正廉洁的好干部，是党的事业成功的关键所在。2019 年 3 月 3 日，中共中央印发的《党政领导干部选拔任用工作条例》明确要求纪检监察机关、巡视巡察机构应当按照有关规定，加强对干部选拔任用工作的监督检查。**一是要实行“双签字”的规定。**考察党政领导职务拟任人选，应当听取考察对象所在单位组织（人事）部门、纪检监察机关、机关党组织的意见，根据需要可以听取巡视巡察机构、审计机关和其他相关部门意见。考察对象呈报单位或者所在单位党委（党组）必须就考察对象廉洁自律情况提出结论性意见，并由党委（党组）书记、纪委书记（纪检监察组组长）签字。机关内设机构领导职务的拟任人选考察对象，也应当由相关党组织和纪检监察机构出具廉洁自律情况结论性意见。**二是要建立联席会议制度。**地方党委组织部门和纪检监察、巡视巡察、机构编制、审计、信访等有关机构通过联席会议制度，就加强对干部选拔任用工作的监督，沟通信息、交流情况、研究问题，提出意见和建议。**三是要强化督查落实。**下级机关和党员、干部、群众对干部选拔任用工作中的违规违纪行为，有权向上级党委（党组）及其组织（人事）部门、纪检监察机关举报、申诉，受理部门和机关应当按照有关规定查核处理。

9.《党政领导干部考核工作条例》

干部考核是坚持和加强党的全面领导、推动党中央决策部署贯彻落实的重要举措，是激励干部担当作为、促进事业发展的重要抓手。2019 年 4 月

7 日，中共中央办公厅印发的《党政领导干部考核工作条例》明确要求纪检监察机关应当接受在考核中发现领导班子和领导干部违纪违法问题线索的移送处理。对违反党政领导干部考核工作的，根据情节轻重，依规依纪给予批评教育、责令检查、通报批评、诫勉、组织调整或者组织处理，涉嫌违纪或者职务违法、职务犯罪的，按照有关纪律和法律法规处理。纪检监察机关应当加强对考核工作的监督检查，自觉接受群众和舆论监督，认真受理有关举报、复核、申诉，严肃查处违反考核工作纪律的行为。

10.《党政领导干部辞职暂行规定》

建立健全党政领导干部辞职制度，重点是要加强对党政领导干部的管理和监督。2004 年 4 月 8 日，中共中央办公厅印发的《党政领导干部辞职暂行规定》明确要求纪检机关（监察部门）应当在党政领导干部自愿辞职或引咎辞职时，对组织（人事）部门审核过的辞职原因和辞职条件等有关情况提出初步意见。

11.《关于党员领导干部述职述廉的暂行规定》

党员领导干部述职述廉工作是加强党员领导干部管理和监督的重要内容，2005 年 12 月 19 日，中共中央办公厅印发的《关于党员领导干部述职述廉的暂行规定》明确要求纪律检查机关应当加强对下一级领导班子开展述职述廉工作的督促指导，要派人参加述职述廉会议，了解有关情况；在领导干部述职述廉前，党委（党组）要广泛征求干部群众对领导班子成员的意见，并由主要负责人如实反馈给本人。对领导班子主要负责人的意见，由上一级纪律检查机关和组织（人事）部门反馈。述职述廉后，结合当年的年度考核组织民主评议或民主测评。发现领导干部在述职述廉中隐瞒、回避重要问题，以及对存在的突出问题不认真改正的，根据党委（党组）意见，对其进行诫勉谈话，情节严重的给予组织处理。

12.《关于实行党政领导干部问责的暂行规定》

推进党政领导干部问责，对于加强党政领导干部的管理和监督，增强党政领导干部的责任意识和大局意识具有重要意义。2009 年 6 月 30 日，中共中央办公厅、国务院办公厅印发的《关于实行党政领导干部问责的暂行规定》明确要求纪检监察机关按照管理权限对党政领导干部实行问责。**一是明确了问责的情形和方式。**问责的情形包括七种：决策严重失误，造成重大损失或者恶劣影响的；因工作失职，造成重大损失或者恶劣影响的；政府职能部门管理、监督不力，造成重大损失或者恶劣影响的；在行政活动中滥用职权、违法行政，或者不作为，引发群体性事件或者其他重大事件的；对群体性、突发性事件处置失当，导致事态恶化，造成恶劣影响的；违反干部选拔任用工作有关规定，导致用人失察、失误，造成恶劣影响的；其他造成重大损失或者恶劣影响等失职行为的。问责方式：责令公开道歉、停职检查、引咎辞职、责令辞职、免职。**二是规范了问责程序。**对因检举、控告、处理重大事故事件、查办案件、审计或者其他方式发现的党政领导干部应当问责的线索，纪检监察机关按照权限和程序进行调查后，对需要实行问责的，按照干部管理权限向问责决定机关提出问责建议；纪检监察机关提出问责建议，应当同时向问责决定机关提供有关事实材料和情况说明，以及需要提供的其他材料。

13.《党组讨论和决定党员处分事项工作程序规定（试行）》

讨论和决定党员处分事项是党组的主要任务之一。2018 年 11 月 29 日，中共中央办公厅印发的《党组讨论和决定党员处分事项工作程序规定（试行）》明确要求纪委监委派驻纪检监察组应当履行监督责任。给予驻在部门的处级及以下党员干部党纪处分的，由部门机关党委、机关纪委进行审查和审理。给予处级党员干部撤销党内职务及以上党纪处分的，由驻在部门机关纪委在党纪处分决定生效之日起 30 日内，将党纪处分决定及相关材料报中央和国家纪检监察工委备案。对于地方纪委首先发现并立案审查，接受上级纪委指定或者与派驻纪检监察组协商后由地方纪委立案审查的案件，由地方纪委按照程序作出党纪处分决定，并向主管部门党组通报处理结果。在作出立案审查决定及审查处理过程中，地方纪委与主管部门党组和派驻纪检监察组加强沟通协调；经沟通不能形成一致意见的，报共同的上级党委或者纪委研究决定。

14.《关于对党员领导干部进行诫勉谈话和函询的暂行办法》

为加强和改进对党员领导干部的日常教育和管理，2005 年 12 月 19 日，中共中央办公厅印发的《关于对党员领导干部进行诫勉谈话和函询的暂行办法》对纪律检查机关主体责任、诫勉谈话的方式、诫勉谈话和函询的审批程序作出了明确的规定。**一是明确了诫勉谈话和函询的主体。**纪律检查机关根据党委（党组）要求，可以对党员领导干部进行诫勉谈话和函询。对下一级领导班子成员，根据具体情况，也可以委托其所在党委（党组）的主要负责人进行诫勉谈话。诫勉谈话时，纪律检查机关应当向谈话对象说明谈话原因，认真听取其对有关问题的解释和说明，指出需要注意的问题，并要求其提出改正措施。**二是明确了诫勉谈话的方式。**纪律检查机关应当采取适当方式，对诫勉谈话对象存在主要问题的改正情况进行了解。对于没有改正或者改正不明显的，应当根据党委（党组）的意见，予以批评教育并督促改正，或者作出组织处理。**三是明确了诫勉谈话和函询的审批程序。**纪律检查机关针对群众反映的党员领导干部政治思想、道德品质、廉政勤政、选人用人等方面的问题，也可以用书面形式对被反映的党员领导干部进行函询。对党员领导干部进行诫勉谈话和函询，要严格履行审批程序。一般应当按照干部管理权限，由纪律检查机关或者组织（人事）部门的有关单位提出意见，报本机关或者本部门领导批准。

15.《地方党委委员、纪委委员开展党内询问和质询办法（试行）》

推动和规范党内询问和质询工作就要充分发挥纪律检查委员会委员在党内监督中的作用。2007 年 4 月 22 日，中共中央办公厅印发的《地方党委委员、纪委委员开展党内询问和质询办法（试行）》对监督检查的责任主体作出了明确规定。纪律检查机关负责开展党内询问和质询执行情况的监督检查。询问和质询对象是所在纪委常委会的，由上一级纪律检查机关负责该询问和质询事项执行情况的监督检查。受理部门拒不受理或者拖延办理询问、质询事项的，由同级党委或者纪委主要负责人对直接负责的主管人员和其他直接责任人员给予批评教育，责令限期改正；询问和质询对象不办理或不按期办理，或不如实答复的，给予通报批评，责令限期改正；情节严重的，依照《纪律处分条例》相关规定追究主要责任人员的责任；询问、质询对象打击报复或有其他侵犯委员询问、质询权的，依照《纪律处分条例》相关规定追究主要责任人员的责任；质询人不按照规定程序开展质询、故意刁难、无理纠缠的，给予批评教育；情节严重的，比照《纪律处分条例》的相关规定办理。

16.《干部选拔任用工作监督检查和责任追究办法》

规范干部选拔任用工作监督检查和责任追究是落实全面从严治党和从严管理干部的工作要求。2019 年 5 月 13 日，中共中央办公厅印发的《干部选拔任用工作监督检查和责任追究办法》对纪检监察机关的责任和应当追责的情形作出了明确规定。**一是明确了纪检监察机关的责任**。纪检监察机关应当依照有关规定履行干部选拔任用工作的监督职责。对违规选人用人问题，纪检监察机关在职责范围内承担相应责任。**二是明确了应当追责的情形**。在干部选拔任用工作中，应当追究纪检监察机关有关负责人和其他责任人员责任的情形有以下四种：不如实回复拟任人选廉洁自律情况并提出结论性意见的；对收到的反映拟任人选问题线索具体、有可查性的信访举报不按照规定调查核实，或者对相关违纪违法问题不按照规定调查处理的；不按照规定履行干部选拔任用工作监督职责造成严重后果的；其他应当追究的失职失责情形。领导干部和有关责任人员有本办法所列应当追究责任的情形，应当给予纪律处分的，依照有关规定追究纪律责任。涉嫌违法犯罪的，移送有关国家机关依法处理。

（三）对作风建设的监督职责

17.《党政机关厉行节约反对浪费条例》

艰苦奋斗、勤俭节约是中华民族的传统美德，是我们党的优良作风，是党政机关清廉形象的重要体现。中央历来强调，各级党政机关要大兴艰苦奋斗之风，带头厉行勤俭节约、反对铺张浪费。2013 年 11 月 18 日，中共中央、国务院印发的《党政机关厉行节约反对浪费条例》明确规定纪检监察机关要不定期曝光铺张浪费的典型案例；纪检监察机关应当加强对厉行节约反对浪费工作的监督检查，受理群众举报和有关部门移送的案件线索，及时查处违纪违法问题。

18.《党政机关国内公务接待管理规定》

国内公务接待应当坚持有利公务、务实节俭、严格标准、简化礼仪、高效透明、尊重少数民族风俗习惯的原则。2013 年 12 月 1 日，中共中央办公厅、国务院办公厅印发的《党政机关国内公务接待管理规定》明确规定纪检监察机关应当加强对国内公务接待违规违纪行为的查处，严肃追究接待单位相关负责人、直接责任人的党纪责任、行政责任并进行通报，涉嫌犯罪的移送司法机关依法追究刑事责任。

19.《党政机关办公用房管理办法》

进一步规范党政机关办公用房管理，对于推进办公用房资源合理配置和节约集约使用，保障正常办公，降低行政成本，促进党风廉政建设和节约型机关建设具有重要意义。2017 年 12 月 5 日，中共中央办公厅、国务院办公厅印发的《党政机关办公用房管理办法》明确规定纪检监察机关应当及时受理群众举报和有关部门移送的办公用房管理案件线索，严肃查处违规违纪问题。办公用房专项巡检应当与党风廉政建设责任制检查考核、政府绩效考核以及党政领导班子和领导干部年度考核相结合，巡检考核结果作为干部管理监督、选拔任用的依据。

20.《党政机关公务用车管理办法》

进一步规范党政机关公务用车管理，对有效保障公务活动，促进党风廉政建设和节约型机关建设具有重要意义。2017 年 12 月 5 日，中共中央办公厅、国务院办公厅印发的《党政机关公务用车管理办法》明确规定纪检监察机关应当及时受理群众举报和有关部门移送的公务用车管理问题线索，严肃查处违纪违法问题。

（四）对纪律建设的监督职责

21.《国有企业领导人员廉洁从业若干规定》

规范国有企业领导人员廉洁从业行为，对于加强国有企业反腐倡廉建设，维护国家和出资人利益，促进国有企业科学发展具有重要作用。2009 年 7 月 1 日，中共中央办公厅、国务院办公厅发布的《国有企业领导人员廉洁从业若干规定》明确要求纪检监察机关应当对国有企业领导人员进行经常性的教育和监督，对所管辖的国有企业领导人员执行廉洁从业的情况进行监督检查；国有企业的纪检监察机构应当结合年度考核，每年对所管辖的国有企业领导人员的执行情况进行监督检查，并作出评估，向企业党组织和上级纪检监察机构报告；对违反规定行为的检举和控告，有关机构应当及时受理，并作出处理决定或者提出处理建议。对违反规定行为的检举和控告符合函询条件的，应当按规定进行函询；对检举、控告违反规定行为的职工进行打击报复的，应当追究相关责任人的责任。

22.《农村基层干部廉洁履行职责若干规定（试行）》

农村基层干部是建设社会主义新农村的带头人和贯彻执行党在农村路线方针政策的基本力量。加强农村基层干部队伍建设，促进农村基层干部廉洁履行职责，关系重大，任务艰巨。2011 年 5 月 23 日，中共中央办公厅、国务院办公厅印发的《农村基层干部廉洁履行职责若干规定（试行）》明确要求纪检监察机关协助同级党委和政府或者根据职责开展对农村基层干部廉洁履行职责贯彻实施情况的监督检查，依纪依法查处农村基层干部违反规定的行为。

23.《关于县以上党和国家机关退（离）休干部经商办企业问题的若干规定》

为了保持党政机关的清正廉洁，保证治理经济环境，整顿经济秩序和全面深化改革的顺利进行，更好地发挥老干部的表率作用，1988 年 10 月 3 日，中共中央办公厅、国务院办公厅印发的《关于县以上党和国家机关退（离）休干部经商办企业问题的若干规定》明确要求纪检等部门要经常检查县以上党和国家机关退（离）休干部执行经商办企业问题的若干规定的情况。严禁党和国家机关及机关干部经商办企业，是党中央、国务院的一贯方针。机关退休（含离休）干部从事经商活动，容易助长官商不分，使有的人利用原来的工作关系和影响参与倒卖活动，损害国家和群众利益，滋生腐败现象，必须坚决制止。

24.《关于对党和国家机关工作人员在国内交往中收受礼品实行登记制度的规定》

规范党和国家机关工作人员国内交往，对于保持党和国家机关工作人员廉洁从政，加强党风廉政建设具有重要意义。1995 年 4 月 30 日，中共中央办公厅、国务院办公厅印发的《关于党和国家机关工作人员在国内交往中收受礼品实行登记制度的规定》明确规定各级纪检监察机关负责对党和国家机关工作人员在国内交往中收受礼品实行登记的执行情况进行监督检查。按照要求，对于收受后应登记、上交的礼品在规定期限内不登记或不如实登记、不上交的，由所在党组织、行政部门或纪检监察机关责令其登记、上交，并给予批评教育或者党纪政纪处分。

（五）其他监督职责

25.《地方党政领导干部安全生产责任制规定》

加强对安全生产工作的领导，是地方各级党委和政府的重要工作职责。2018 年 4 月 8 日，中共中央办公厅、国务院办公厅印发的《地方党政领导干部安全生产责任制规定》明确要求纪检监察机关应当按照权限和职责对地方党政领导干部落实安全生产工作责任存在应当问责情形的，进行责任追究；涉嫌职务违法犯罪的，由监察机关依法调查处置。**一是明确问责情形。**包括履行本规定第二章所规定职责不到位的；阻挠、干涉安全生产监管执法或者生产安全事故调查处理工作的；对迟报、漏报、谎报或者瞒报生产安全事故负有领导责任的；对发生生产安全事故负有领导责任的；有其他应当问责情形的。**二是明确问责方式。**包括通报、诫勉、停职检查、调整职务、责令辞职、降职、免职或者处分等。**三是明确问责举措。**包括“一票否决”，从重追究责任，从轻、减轻追究责任，不予追究相关地方党政领导干部的领导责任，终身问责。

26.《地方党政领导干部食品安全责任制规定》

保障人民群众“舌尖上的安全”就要进一步落实食品安全党政同责要求，强化食品安全属地管理责任和健全食品安全工作责任制。2019 年 2 月 5 日，中共中央办公厅、国务院办公厅印发的《地方党政领导干部食品安全责任制规定》明确规定监察机关应当依法调查处置在落实食品安全工作责任中涉嫌职务违法犯罪的地方党政领导干部。

27.《节庆活动管理办法（试行）》

为促进节庆活动健康发展，防止节庆活动过多过滥，2012 年 5 月 29 日，中共中央办公厅、国务院办公厅印发的《节庆活动管理办法（试行）》明确要求纪检监察部门应当加强举办节庆活动的监督检查。对擅自举办活动，违规邀请领导干部出席以及领导干部违规出席活动，以举办活动为由向基层、企业和群众收费、摊派、拉赞助，挥霍浪费、滥发钱物等违规违纪行为，依照有关规定严肃处理。

28.《生态文明建设目标评价考核办法》

加快绿色发展，推进生态文明建设，要求我们不断规范生态文明建设目标评价考核工作。2016 年 12 月 2 日，中共中央办公厅、国务院办公厅印发的《生态文明建设目标评价考核办法》明确规定纪检监察机关对徇私舞弊、瞒报谎报、篡改数据、伪造资料等造成评价考核结果失真失实的，按照有关规定严肃追究有关单位和人员责任；涉嫌犯罪的，依法移送司法机关处理。

党政机关执行的中央党内法规

1.《党政机关厉行节约反对浪费条例》

艰苦奋斗、勤俭节约是中华民族的传统美德，是我们党的优良作风，是党政机关清廉形象的重要体现。为了进一步弘扬艰苦奋斗、勤俭节约的优良作风，推进党政机关厉行节约反对浪费，建设节约型机关，2013 年 11 月 18 日，中共中央、国务院印发了《党政机关厉行节约反对浪费条例》。这是一部厉行节约反对浪费的综合性、基础性党内法规，是党政机关做好节约工作、防止浪费行为的总依据和总遵循，对于推进厉行节约反对浪费工作制度化、规范化、程序化，从源头上狠刹奢侈浪费之风，具有十分重要的意义。

《条例》共 12 章 65 条，分别从经费管理、国内差旅和因公临时出国（境）、公务接待、公务用车、会议活动、办公用房、资源节约、宣传教育、监督检查、责任追究等方面作出规定。**一是规范了经费管理。**党政机关应当加强预算编制管理，健全会计制度，按规定进行政府采购；财政部门应当会同有关部门制定分地区的公务活动经费开支范围和开支标准；全面实行公务卡制度。**二是规范了国内差旅管理。**党政机关应当建立健全执行国内差旅审批制度。国内差旅人员应当严格按规定乘坐交通工具、住宿、就餐，费用由所在单位承担；差旅人员住宿、就餐由接待单位协助安排的，必须按标准交纳住宿费、餐费。**三是规范了因公临时出国（境）管理。**统筹安排年度计划；外事管理部门应当加强审核审批管理；出国团组应当按规定标准安排交通工具和食宿等；根据工作需要编制出境计划，加强因公出境审批和管理。**四是规范了公务接待管理。**党政机关应当建立公务接待审批控制制度；执行国内公务接待标准，实行接待费支出总额控制制度。外宾接待工作应当遵循服务外交、友好对等、务实节俭的原则。党政机关不得新建、改建、扩建具有接待功能的设施或者场所。**五是规范了公务用车管理。**党政机关应当从严配备实行定向化保障。公务用车实行政府集中采购，应当选用国产汽车，优先选用新能源汽车。执法执勤用车应当喷涂明显的统一标识。严格按规定使用公务用车。**六是规范了会议活动管理。**党政机关严格执行会议费开支范围和标准；会议召开场所实行政府采购定点管理。建立健全培训审批制度。未经批准，党政机关不得以公祭、历史文化、特色物产、单位成立、行政区划变更、工程奠基或者竣工等名义举办或者委托、指派其他单位举办各类节会、庆典活动，不得举办论坛、博览会、展会活动。严格控制和规范各类评比达标表彰活动，实行中央和省（自治区、直辖市）两级审批制度。**七是规范了办公用房管理。**办公用房建设应当从严控制，办公用房应当严格管理。新建、改建、扩建、购置、置换、维修改造、租赁办公用房，必须严格按规定履行审批程序。办公用房建设项目严格执行办公用房建设标准、单位综合造价标准和公共建筑节能设计标准，符合土地利用和城市规划要求。办公用房建设项目投资，统一由政府预算建设资金安排。办公用房建设应当严格执行工程招投标和政府采购有关规定。建立健全办公用房集中统一管理制度。党政机关领导干部应当按照标准配置使用一处办公用房。**八是规范了办公资源管理。**对能源、水的使用实行分类定额和目标责任管理；优化、盘活资产，节约购置资金；统筹规划，统一组织实施政务信息系统建设。**九是明确了责任追究。**违反规定造成浪费的，追究相关人员的责任，对负有领导责任的主要负责人或者有关领导干部实行问责；违反规定造成浪费的，根据情节轻重，给予批评教育、责令作出检查、诫勉谈话、通报批评或者调离岗位、责令辞职、免职、降职等处理；应当追究党纪政纪责任的，依照有关规定给予相应的党纪政纪处分；涉嫌违法犯罪的，依法追究法律责任。违反规定获得的经济利益，予以收缴或者纠正；违反规定，用公款支付、报销应由个人支付的费用，责令退赔。

2.《党政机关公文处理工作条例》

为了适应中国共产党机关和国家行政机关（以下简称党政机关）工作需

要，推进党政机关公文处理工作科学化、制度化、规范化，2012 年 4 月 16 日，中共中央办公厅、国务院办公厅印发了《党政机关公文处理工作条例》。

《条例》共 8 章 42 条，分别从公文种类、格式、行文规则、拟制、办理、管理等方面作出规定。**一是明确了公文种类。**主要有决议、决定、命令（令）、公报、公告、通告、意见、通知、通报、报告、请示、批复、议案、函、纪要。**二是规定了公文格式要求。**由份号、密级和保密期限、紧急程度、发文机关标志、发文字号、签发人、标题、主送机关、正文、附件说明、发文机关署名、成文日期、印章、附注、附件、抄送机关、印发机关和印发日期、页码等组成。**三是规范了公文行文规则。**应当讲求实效，注重针对性和可操作性，行文关系根据隶属关系和职权范围确定，一般不得越级行文，特殊情况需要越级行文的，应当同时抄送被越过的机关，同级党政机关、党政机关与其他同级机关可以联合行文，属于各自职权内的工作不得联合行文。**四是明确了公文拟制程序。**包括起草、审核、签发等程序。由机关负责人审批签发，如签发重要公文和上行文，由机关主要负责人签发，签发人应当签署意见、姓名和完整日期，圈阅或者签名的，视为同意。**五是明确了公文办理的内容和程序。**包括收文办理、发文办理和整理归档。收文办理程序：签收、登记、初审、承办、传阅、催办、答复；发文办理程序：复核、登记、印制、核发。涉密公文应当通过特殊渠道进行传递传输。需要归档的有关公文材料，应当根据有关档案法律法规以及机关档案管理规定，及时收集齐全、整理归档。**六是明确了公文管理。**由文秘部门或者专人统一管理。设立党委（党组）的县级以上单位应当建立机要保密室和机要阅文室，并按照有关保密规定配备工作人员和必要的安全保密设施设备，不具备归档和保存价值的公文，经批准后可以销毁。

3.《机关档案工作条例》

机关档案工作是机关工作的组成部分，是提高机关工作效率和工作质量的必要条件，是维护机关历史真实面貌的一项重要工作。1983 年 4 月 28

日，中共中央办公厅、国务院办公厅印发的《机关档案工作条例》明确要求各级党、政、军机关和人民团体（以下统称机关）加强档案的科学管理。**一是明确了机关档案工作机构，确定了机关档案部门的基本任务。**各机关在工作活动中形成的全部档案均由本机关档案部门集中统一管理。机关必须建立档案工作，成立相应的档案工作机构。不需要建立的，应配备专职或兼职的档案人员。机关档案部门受办公厅（室）领导。**二是明确了档案接收的要求。**具有保存价值的文件材料均由文书部门或业务部门进行整理、立卷，并定期向档案部门归档。机关领导人和承办人员办理完毕的文件材料应及时交有关部门整理、立卷。接收的档案应符合齐全、完整；有联系的合并整理、立卷；分类整理，便于保管和利用等要求。文书部门或业务部门一般应在第二年上半年向档案部门移交档案，交接双方根据目录清点核对，并履行签字手续。**三是明确了机关档案的管理和提供利用的要求。**全部档案都要求进行分类、加工整理和保管。对档案的收进、移出、保管、利用等情况进行统计，并向档案业务管理机关报送统计表。定期对已超过保管期限的档案进行鉴定。须在机关办公厅（室）主任的主持下，由档案部门和有关业务部门组成鉴定小组共同进行。结束后，提出工作报告，对确无保存价值的档案进行登记造册，经领导批准后销毁。销毁时，应指定两人负责监销，防止档案遗失和泄密，并在销毁清册上签字。借阅根据机密程度，确定不同的利用范围，规定不同的审批手续。机关档案部门保管的档案是现行档案，主要供本机关和上级主管机关使用，不属于开放范围。对外提供利用需经上级主管机关批准。**四是明确了档案移交管理的各项要求。**省辖市（州、盟）和县以下机关应将永久、长期保存的档案在本机关保存十年左右，连同案卷目录（一式三份）和有关的检索工具、参考资料，全部向有关的档案馆移交。一个机关的全部档案应统一向一个档案馆移交。机关撤销或者合并必须将本机关的全部档案进行认真整理，不得分散，并按照规定的六种方法进行处理。各种临时工作机构撤销时，其档案应向有关的主管机关或档案馆移交。

4.《党政机关国内公务接待管理规定》

为厉行勤俭节约，反对铺张浪费，加强党风廉政建设，2013年12月1日，中共中央办公厅、国务院办公厅印发的《党政机关国内公务接待管理规定》明确要求各级党政机关规范国内公务接待管理。**一是要严格执行公务接待审批控制制度**。各级党政机关要严格公务外出管控，要严控接待范围，要建立接待清单制度。各级党政机关应当加强公务外出计划管理，科学安排和严格控制外出的时间、内容、路线、频率和人员数量；接待单位应当严格审批控制，无公函不接待，探亲、旅游、休假等因私活动不接待，对能够合并的公务活动统筹接待，不得用公款报销或支付应由个人负担的费用；各级党政机关应当建立接待清单制度，实现接待“留痕”。接待单位应当填写反映接待对象的单位、姓名、职务和公务活动项目、时间、场所、费用等内容的接待清单，作为报销凭证之一，留存备查。**二是要简化和规范公务接待活动**。各级党政机关应当简化接待礼仪，限制接待住宿房型，应当从严控制接待用餐的次数和陪餐人数，严格限制用餐地点和消费内容，应当规范警卫安排，严格接待费报销管理。接待费全部纳入预算管理，合理限定接待费预算总额，单独列示。接待费开支标准参照会议等标准分地区制定并进行动态调整。**三是要加强监督**。县以上各级党政机关应当全面建立接待信息公开机制，接受社会监督，应当建立立体式的接待工作监督检查体系，明确监督检查内容，应当将接待工作纳入问责范围，强化责任追究和惩处，涉嫌犯罪的，移送司法机关依法追究刑事责任。

5.《关于严禁在历史建筑、公园等公共资源中设立私人会所的暂行规定》

历史建筑、公园等公共资源具有社会公益属性。在历史建筑、公园等公共资源中设立私人会所，侵占群众利益，助长不正之风，社会各方面对此反映强烈。2014年10月19日，中共中央办公厅、国务院办公厅转发的

《关于严禁在历史建筑、公园等公共资源中设立私人会所的暂行规定》对政府部门的职能职责作出了明确规定。住房城乡建设（园林）、文化、公安、民政、商务、税务、工商、旅游、宗教、文物等部门，应当按照各自职能，认真履行职责，对历史建筑、公园等公共资源中涉及的项目立项、规划建设、消防审批、经营许可、工商登记、税务登记等事项严格审核把关，属于私人会所性质的不予办理。

6.《保护司法人员依法履行法定职责规定》

司法人员依法履行法定职责，只有得到充分有效的保护，才能敢于担当、不徇私情，做到始终忠于法律、公正司法，维护好社会公平正义的最后一道防线。2016 年 7 月 21 日，中共中央办公厅、国务院办公厅印发的《保护司法人员依法履行法定职责规定》明确法官、检察官依法履行法定职责受法律保护。**一是明确了司法人员依法独立公正行使司法权。**法官、检察官有权拒绝任何单位或者个人违反法定职责或者法定程序、有碍司法公正的要求，任何单位或者个人不得要求法官、检察官从事超出法定职责范围的事务。**二是明确了保障措施。**非因法定事由，非经法定程序，不得将法官、检察官调离、免职、辞退或者作出降级、撤职等处分；将法官、检察官调离、免职、辞退或者作出降级、撤职等处分的，应当按照法律规定的程序和管理权限进行；考核法官、检察官应当客观公正、符合司法规律；法官、检察官非因故意违反法律、法规或者有重大过失导致错案并造成严重后果的，不承担错案责任；案件办理及相关审批、管理、指导、监督工作实行全程留痕；调查核实对法官、检察官履职的举报、控告和申诉过程中，当事法官、检察官享有知情、申辩和举证的权利；法官、检察官履行法定职责的行为，非经法官、检察官惩戒委员会审议不受错案责任追究；维护司法人员良好声誉；从严惩处威胁、报复陷害、侮辱诽谤、暴力伤害司法人员及其近亲属的行为；保护司法人员的个人信息、休息权、休假权，落实医疗保障办法，完善抚恤优待办法。**三是明确了责任追究。**相关部门领导干部及责任人玩忽职守、敷衍推诿、故意拖延或者滥用职权，导致司法人员或者其近亲属的人身、财产权益受到重大损害的，应当给予纪律处分；构成犯罪的，依法追究刑事责任。国家机关及其工作人员干预司法活动、插手具体案件处理，对直接责任者和领导责任者，应当给予纪律处分；构成犯罪的，依法追究刑事责任。

7.《建设部、中共中央组织部、财政部关于易地调动干部住房管理暂行规定》

妥善解决易地调动干部的住房问题，有利于干部全身心投入工作，对提振干部干事创业精气神具有积极作用。2003 年 7 月 30 日，中共中央办公厅、国务院办公厅印发的《建设部、中共中央组织部、财政部关于易地调动干部住房管理暂行规定》对异地调动干部的住房问题作出了明确规定。**一是对承租或购买现居住共有住房作出了明确规定。**易地调动并按照组织程序办理调动手续的党政干部一般只能按照房改政策承租或购买一地的公有住房。夫妻两地分居且在本规定印发前已经在两地承租公有住房的，可以在分居期间分别承租两地的公有住房，但只能购买其中一地的现居住公有住房。购买现居住公有住房执行住房所在地的房改政策，购房面积标准执行调动干部新任职务标准。**二是对建立临时周转住房制度作出了明确规定。**为方便调动干部的工作和生活，在新工作地没有住房的调动干部，新工作地应当为其提供临时周转住房。**三是为干部到西部地区工作提供了政策支持。**凡调动到西部地区工作的干部，购房补贴按照新工作地和原工作地补贴额度较高一地的标准执行；原在中央、国家机关和北京、天津、山东、上海、江苏、浙江、福建、广东等地工作的干部，原工作地购房补贴额度高于新工作地的，由原工作地按照调动干部新任职务及原工作地房改政策规定发放购房补贴，一次结清。购房或租住周转住房。调动到西部地区工作的干部，购房地点可以在新工作地，也可以在原工作地，由调动干部自主选择；在符合条件的情况下可以优先购买经济适用住房。未领取购房补贴前，其所住周转房可以免交租金。**四是对住房档案作出了明确规定。**调动干部在办理调动手续时，个人住房档案应当随干部行政、工资介绍信等一并移交，住房档案应当说明本人及配偶住房状况和双方购房补贴发放情况。**五是对纪律和责任追究作出了明确规定。**调动干部如有瞒报家庭住房情况，或违反规定多占住房、骗取购房补贴的，有关部门应当按照规定收回多占的住房或骗取的购房补贴，同时给予党纪、政纪处分。

8.《从律师和法学专家中公开选拔立法工作者、法官、检察官办法》

为了建立从律师和法学专家中招录立法工作者、法官、检察官制度，推进法治专门队伍正规化、专业化、职业化建设，2016年6月2日，中共中央办公厅印发的《从律师和法学专家中公开选拔立法工作者、法官、检察官办法》明确要求具有立法权的人大常委会的法制工作机构、政府法制部门可以根据工作需要招录一定数量的律师、法学专家从事法律法规起草工作；人民法院、人民检察院应当把从律师、法学专家中选拔法官、检察官工作常态化、制度化。**一是明确了任职要求。**律师和法学专家参加公开选拔的，除应当具备公务员法、法官法、检察官法规定的任职条件外，还有满足政治素养、职业操守、业务能力与从业资历四个方面的要求。从反面规定不得参加公开选拔的情形，包括被刑事处罚或者因违法违纪被辞退、开除或者吊销执业证书等七种。**二是明确了以考核审查为基本方式的选拔方法。**公务员主管部门会同选拔部门在人员编制限额内制定公开选拔计划和实施方案，明确公开选拔的岗位、条件、程序。参加选拔人员工作单位所在地的律师协会或法学会，应当在充分听取参加公开选拔人员工作单位、从业相关人员意见的基础上，就其政治态度、专业能力、品行操守出具评估意见。**三是明确了职级和待遇。**被选拔为立法工作者、法官、检察官的律师、法学专家，比照所任职单位同等资历人员确定职务、级别、待遇。**四是明确了专业能力评审方式。**拟任法官、检察官入围人选的专业能力评审由法官、检察官遴选委员会负责；具有立法权的人大常委会的法制工作机构或政府法制部门可以组织有关业务部门负责人、专家学者、律师对入围人选进行专业能力评审。通过查阅人事档案、承办案件卷宗或论著、面谈等方式进行。**五是明确了入选者及亲属应履行的任职回避制度。**律师、法学专家被选拔为立法工作者、法官、检察官的，适用国家机关工作人员禁止性规定，不得持有非上市公司的股份；不得在企业、律师事务所及营利性机构兼职。其父母、配偶、子女在拟任职人民法院、人民检察院辖区内开办律师事务所、担任律师或者从事司法鉴定、司法拍卖等与司法活动利益相关职业的，应当按照任职回避的要求不再担任律师事务所设立人、合伙人或者退出股份、调整工作。在一年试用期内不能按照规定要求不再担任律师事务所设立人、合伙人或退出股份、调整工作的，试用期不合格，不予录用。

9.《党政机关办公用房管理办法》

为了进一步规范党政机关办公用房管理，推进办公用房资源合理配置和节约集约使用，保障正常办公，降低行政成本，促进党风廉政建设和节约型机关建设,2017年12月5日，中共中央办公厅、国务院办公厅印发的《党政机关办公用房管理办法》明确要求县级以上党政机关办公用房有关管理部门，根据职责分工，负责本级党政机关办公用房管理工作，指导下级党政机关办公用房管理工作。**一是明确了权属登记部门。**办公用房的房屋所有权、土地使用权等不动产权利，统一登记到本级机关事务管理部门名下。因历史资料遗失、权属不清等问题无法登记的，由机关事务管理部门协调有关部门进行权属备案，使用单位不能自行处置。**二是明确了配置的方式和资金保障。**县级以上机关事务管理、发展改革、财政部门应当会同有关部门，结合人员编制情况、办公与业务需要等，编制本级党政机关办公用房配置保障规划，优化办公用房布局，具备条件的逐步推进集中或者相对集中办公，共用配套附属设施。配置方式包括调剂、置换、租用和建设。配置所需资金，通过政府预算安排。新配置办公用房的党政机关，在搬入新办公用房后1个月内，将超出核定面积的原用房腾退移交同级机关事务管理部门统一调剂使用，不得继续占用或者自行处置，不得自行安排其他单位使用。**三是明确了房屋使用单位的责任**。机关事务管理部门应当与使用单位签订使用协议，核发分配使用凭证。该凭证可以按照规定用于办理使用单位法人登记、集体户籍、大中修项目施工许可等，不能用于出租、出借、经营。使用单位不能擅自改变办公用房使用功能，不能调整给其他单位使用。每年内部公示办公用房安排使用情况。领导干部办公用房配备情况按年度报机关事务管理部门备案。使用单位机构、编制调整的，重新核定办公用房面积。超出部分、新建、购置或租用的原用房、机关撤销等腾退移交的期限均为6个月。**四是明确了维修管理义务**。使用单位应当负责日常检查和维修，所用资金通过部门预算安排。需大中修的，向管理部门提出申请，结合房屋建筑年代、历史维修记录、老化损坏程度等，统筹安排，报财政部门审核安排预算。**五是明确了处置利用方式**。闲置的办公用房可以采取调剂使用、转换用途、置换、出租、拍卖、拆除等方式及时处置利用。无法通过上述方式处置利用的，机关事务管理部门报财政部门批准后，可以通过公共资源交易平台依法公开拍卖。

10.《党政机关公务用车管理办法》

为了进一步规范党政机关公务用车管理，有效保障公务活动，促进党风廉政建设和节约型机关建设，2017年12月5日，中共中央办公厅、国务院办公厅印发的《党政机关公务用车管理办法》明确要求党政机关公务用车主管部门负责本级党政机关公务用车管理工作。**一是明确了公务用车的编制和标准管理**。机要通信用车、应急保障用车和其他按照规定配备的公务用车编制应当由公务用车主管部门会同有关部门确定。执法执勤用车、特种专业技术用车编制由财政部门会同有关部门确定，并送公务用车主管部门备案。**二是明确了配备和经费管理**。公务用车主管部门应当根据配备更新标准和现状，编制年度更新计划。财政部门统筹安排购置经费，列入公务用车主管部门预算；财政部门会同公务用车主管部门制定公务用车运行费用定额标准，统筹安排公务用车运行费用，列入党政机关部门预算。主管部门统一组织实施集中采购。应当配备使用国产汽车，带头使用新能源汽车，按照规定逐步扩大新能源汽车配备比例。地方各级党政机关确因工作需超标配备的，须报省级公务用车主管部门批准。原则上不配备越野车，确因工作需要，按程序报批后可适当配备国产越野车，该车不能作为固定用车。除有保密要求的特殊工作用车外，产权注册登记应当为本机关法人。**三是明确了使用方式和处置规范。**公务用车应当统一标识，应当严格执行回单位或其他指定地点停放。外事接待、会议和集体活动用车通过社会租赁方式解决。使用年限超过 8 年的可更新，但达到年限仍能继续使用的，应继续使用。因安全等原因确需提前更新的，严格履行审批手续。更新后，可采取拍卖、厂家收回、报废等方式规范处置旧车。**四是明确了主管部门的监督职责。**公务用车主管部门应当加强对党政机关公务用车配备更新、使用、处置等情况的监督检查，定期通报或者公示相关情况。公务用车主管部门有违规核定编制等五种情形的，党政机关有超编制、超标准配备公务用车等九种情形的，依纪依法追究相关人员责任。

11.《节庆活动管理办法（试行）》

为促进节庆活动健康发展，防止节庆活动过多过滥，2012 年 5 月 29 日，中共中央办公厅、国务院办公厅印发的《节庆活动管理办法（试行）》规范了节庆活动举办行为。**一是明确了审批权限。**节庆活动实行中央和省（自治区、直辖市）分级审批制度。中央、国务院负责审批的节庆活动：省级以下地区、部门和单位，中央和国家机关、人民团体、有关社团所属机关、事业单位等举办的公祭类；各省会（自治区首府）党委、副省级城市举办的行政区划变更类节庆活动。各省（自治区、直辖市）党委、政府负责审批本地区省级以下地区、部门和单位举办的除了由党中央、国务院负责审批的公祭类节庆活动和各省会（自治区首府）党委、副省级城市举办的行政区划变更类节庆活动外的各类节庆活动。**二是作出了禁止性规定。**严禁举办宣扬封建迷信、文化糟粕的节庆活动；严格控制举办机关单位成立、行政区划变更的纪念性庆典。市（地）、县（市）不得举办任何形式的周年庆典活动；学校、医院、科研院所等事业单位一般不举办周年庆典活动，逢十逢百周年等确需举办的，应按规定报批；各级党政机关不得举办楼堂馆所奠基和竣工庆典活动；中央和国家机关及其所属机关、事业单位等原则上不得与地方联合举办节庆活动，确需的，应按审批权限报党中央、国务院或主管部门批准。**三是明确了审批程序。**省以下地区、部门和单位等拟举办公祭类节庆活动等，应当至少提前3个月，于每年4月或者9月，通过省（自治区、直辖市）党委、政府等，向党中央、国务院提出申请。**四是明确了节庆活动的报批程序。**举办节庆活动原则上不搞周期化，确需定期举办的，应当专项报批。公祭类节庆活动的举办周期不少于2年。申请举办公祭类的，应当事先履行专家论证和公开听证程序，并书面征得文化部同意；申请举办涉外的，应事先征得外交部同意；申请举办旅游类的，应事先书面征得省级以上旅游行政管理部门同意；申请举办行政区划变更类的，应事先书面征得省级以上民政部门同意。无论哪一级审批后都应当在1个月内通过相应政府网站向社会公布。**五是明确了经费保障。**所需经费应当实行谁举办谁负责，由举办单位承担，不得向下级单位、企业和个人转嫁费用。不得重金邀请各类名人参与活动，不得利用活动为单位或个人谋取私利等。**六是规范了领导干部出席活动的报批程序。**领导干部出席各类节庆活动，在活动中挂名任职等活动，必须经过批准。不出席与本职工作无关的节庆活动。各地区各部门举办的，原则上不邀请党和国家领导人出席。确需邀请的，举办单位应当提前3个月按归口分别报批。中央和国家机关各部门主要负责同志出席活动，报中央分管领导同志批准；其他负责同志出席的，向主要负责同志报告；其他领导干部出席的，报上级领导批准。

12.《评比达标表彰活动管理办法》

为加强评比达标表彰管理工作，2018 年 12 月 21 日，中共中央办公厅、国务院办公厅印发的《评比达标表彰活动管理办法》规范了评比达标表彰活动。**一是明确了责任主体。**各省（自治区、直辖市）评比达标表彰工作协调机构负责本地区省级以下评比达标表彰工作的审核和管理，省级人力资源社会保障部门负责日常工作。**二是明确了审批权限。**实行中央和省（自治区、直辖市）两级审批制度。各省（自治区、直辖市）党委和政府负责审批本地区省级以下评比达标表彰项目。各省（自治区、直辖市）评比达标表彰工作协调机构应当及时将省级以下项目设立、调整或者变更情况报全国协调小组备案。**三是规定了审批程序。**省级评比达标表彰项目的设立、调整或变更，在每年 3 月底前按照归口分别向党中央、国务院提出申请。省级以下的，按照归口分别向各省（自治区、直辖市）党委或者政府提出申请。各地区各部门一般不开展临时性活动。因重大事件、重要专项工作等特殊情况，确需临时开展的，可单独申请。省级以下项目审批，参照中央和国家机关、人民团体、有关社团及其所属单位的项目和各省（自治区、直辖市）省级项目审批程序进行。**四是明确了经费来源。**主办单位应当承担全部费用，不得以任何形式向参评单位和个人收取费用。各机关、团体、参公管理事业单位举办的，所需经费按照现行资金渠道解决。其他单位举办的，经费由单位自有资金解决。对于表彰奖励获得者发放奖金，标准根据奖励层级等因素确定，并可动态调整。对于获得表彰奖励的集体，不发放奖金。**五是明确了退出和撤销程序。**对拟不再举办的项目，可申请退出，并按审批权限备案；对推动工作失去实际意义或者造成社会负面影响、群众反映比较强烈的项目，应当按审批权限由省级协调机构研究提出撤销意见。省级以下拟撤销的，按照归口分别报批后予以撤销，结果由省级协调机构向社会公布。根据需要，各省级协调机构应及时备案。项目退出或者撤销后，如再次申请同类项目，一般不予受理。**六是明确了主管机关的监督检查职责。**对于未经批准擅自开展、不按照批准事项开展以及在活动中违纪违规的；各级党的机关、企事业单位及其工作人员，违规开展或者参加违规开展的活动的，主管机关对单位主要负责人和直接责任人等给予批评教育、诫勉谈话、组织调整或者组织处理；情节严重的，给予党纪、政务处分；构成犯罪的，依法追究刑事责任。对违规单位，由主管机关给予通报批评；情节严重的，5 年内不得开展评比达标表彰活动，取消其 5 年内评优评先资格。

13.《信访工作责任制实施办法》

信访工作是党和政府的一项重要工作。加强信访工作，可以从源头上预防和减少信访问题发生，推动信访问题及时就地解决，依法维护群众合法权益和促进社会和谐稳定。2016 年 10 月 8 日，中共中央办公厅、国务院办公厅印发的《信访工作责任制实施办法》明确要求各级党政机关履行信访工作职责。**一是明确了工作责任。**各级党政机关应当将信访工作列入议事日程，从人力物力财力上保证信访工作顺利开展；应当从源头上预防和减少导致信访问题的矛盾和纠纷。党政机关领导班子主要负责人对本地区、本部门、本系统的信访工作负总责，其他成员根据工作分工，对职权范围内的信访工作负主要领导责任。各级领导干部应当阅批群众来信和网上信访，定期接待群众来访，协调处理信访问题。各级党政机关工作人员应当遵守群众纪律，秉公办事、清正廉洁、保守秘密、热情周到。**二是明确了督查考核机制。**各级党政机关每年至少就信访工作开展和信访工作责任落实情况组织一次专项督查，并对督查情况进行通报；应当定期对本地区、本部门、本系统信访工作情况进行考核，考核结果作为对领导班子和领导干部综合考评的重要参考；各级组织人事部门在干部考察工作中，应当听取信访部门意见，了解掌握领导干部履行信访工作职责情况。**三是明确了责任追究。**各级党政机关及其领导干部、工作人员不履行或者未能正确履行本办法所列责任内容，应当追究责任。根据情节轻重，对各级党政机关领导干部、工作人员的责任追究采取通报、诫勉、组织调整或者组织处理、纪律处分的方式进行。

14.《电子文件管理暂行办法》

为确保电子文件的真实、完整、可用和安全，保存国家历史记录，促进信息资源开发利用，推动国家信息化健康发展，2009 年 12 月 8 日，中共中央办公厅、国务院办公厅印发的《电子文件管理暂行办法》规范了电子文件管理。**一是明确了管理权限。**由中共中央办公厅牵头，国务院办公厅、国家发展和改革委员会、工业和信息化部、财政部、国家档案局、国家保密局、国家密码管理局、国家标准化管理委员会等相关部门为成员单位，负责组织协调全国电子文件管理工作。县以上党委、政府要结合实际，明确负责电子文件管理部门，承担本地区电子文件管理工作的组织协调和监督检查。**二是明确了保障措施。**各有关部门应当为电子文件管理提供必要的保障措施。各级信息化行政管理部门应当将电子文件管理工作纳入信息化发展规划，为电子文件管理工作提供信息化保障。各级发展改革、机构编制等部门负责为电子文件管理工作提供政策保障，各级财政部门应当为电子文件管理工作提供资金保障。电子文件形成单位应当对本单位电子文件管理工作进行统筹规划，建立管理制度，明确管理职责，规范工作流程，落实保障措施。**三是明确了电子文件的使用和保密管理。**各单位文秘和业务部门负责电子文件日常处理；档案部门负责归档电子文件管理；信息化部门负责为电子文件管理提供信息化支持；保密部门负责涉密电子文件的保密监督管理。各级国家综合档案馆负责接收和保管本馆接收范围内各单位形成的具有永久保存价值的电子文件，并依法提供利用；有条件的应当根据国家灾害备份的要求，建立本级电子文件备份中心或者异地备份库。

领导干部执行的中央党内法规

1.《领导干部干预司法活动、插手具体案件处理的记录、通报和责任追究规定》

建立防止司法干预的“防火墙”和“隔离带”，能为司法机关依法独立公正行使职权提供制度保障，它对于落实宪法和法律规定，排除外部对司法权行使的违法干预和影响具有十分重要的意义。2015 年 3 月 18 日，中共中央办公厅、国务院办公厅印发的《领导干部干预司法活动、插手具体案件处理的记录、通报和责任追究规定》明确规定任何领导干部都不得要求司法机关违反法定职责或法定程序处理案件，都不得要求司法机关做有碍司法公正的事情，不得对司法人员打击报复。**一是明确了违法干预司法活动的行为。**包括为案件当事人请托说情的；要求办案人员或办案单位负责人私下会见案件当事人或其辩护人、诉讼代理人、近亲属以及其他与案件有利害关系的人的；授意、纵容身边工作人员或者亲属为案件当事人请托说情的；超越职权对案件处理提出倾向性意见或者具体要求的；其他违法干预司法活动、妨碍司法公正的行为。**二是明确了责任追究。**领导干部违法干预司法活动，造成后果或者恶劣影响的，依照相关规定给予纪律处分；造成冤假错案或者其他严重后果，构成犯罪的，依法追究刑事责任；对司法人员进行打击报复的，依照相关规定给予纪律处分；构成犯罪的，依法追究刑事责任。领导干部干预司法活动、插手具体案件处理的情况，应当纳入党风廉政建设责任制和政绩考核体系，作为考核干部是否遵守法律、依法办事、廉洁自律的重要依据。

2.《关于党政机关工作人员个人证券投资行为若干规定》

规范党政机关工作人员个人证券投资行为对促进党政机关工作人员廉洁自律，加强党风廉政建设，促进证券市场健康发展具有重要意义。2001年4月3日，中共中央办公厅、国务院办公厅印发的《关于党政机关工作人员个人证券投资行为若干规定》对党政机关工作人员个人证券投资行为作出明确规定。**一是规范了个人证券投资行为。**党政机关工作人员个人可以买卖股票和证券投资基金。在买卖股票和证券投资基金时，严禁有利用职权、职务上的影响或者采取其他不正当手段，索取或者强行买卖股票、索取或者倒卖认股权证等违反《中华人民共和国证券法》和相关法律、法规的行为。父母、配偶、子女及其配偶在证券公司、基金管理公司任职的，或者在由国务院证券监督管理机构授予证券期货从业资格的机构任职的，该党政机关工作人员不得买卖与上述机构有业务关系的上市公司的股票。**二是明确了监督和管理范围。**掌握内幕信息的党政机关工作人员，在离开岗位三个月内，继续受本规定的约束；新任职务而掌握内幕信息的党政机关工作人员，在任职前已持有的股票和证券投资基金必须在任职后一个月内作出处理，不得继续持有。违反规定的，应当给予党纪处分、行政处分或者其他纪律处分；有犯罪嫌疑的，移送司法机关依法处理。有违法所得的，应当予以没收。

3.《国有企业领导人员廉洁从业若干规定》

依据国家有关法律法规和党内法规，规范国有企业领导人员廉洁从业行为，对加强国有企业反腐倡廉建设，维护国家和出资人利益，促进国有企业科学发展具有重要意义。2009年7月1日，中共中央办公厅、国务院办公厅印发的《国有企业领导人员廉洁从业若干规定》对国有企业领导人员廉洁从业作出明确规定。**一是明确了廉洁从业的行为规范。**国有企业领导人员应当切实维护国家和出资人利益，不得有违反决策原则和程序决定企业生产经营的重大决策、重要人事任免、重大项目安排及大额度资金运作事项等八种行为；应当忠实履行职责，不得有个人从事营利性经营活动和有偿中介活动，或者在本企业的同类经营企业、关联企业和与本企业有业务关系的企业投资入股等八种行为；应当正确行使经营管理权，不得有本人的配偶、子女及其他特定关系人，在本企业的关联企业、与本企业有业务关系的企业投资入股等八种行为；应当勤俭节约，依据有关规定进行职务消费，不得有超出报履行国有资产出资人职责的机构备案的预算进行职务消费等八种行为；应当加强作风建设，注重自身修养，增强社会责任意识，树立良好的公众形象，不得有弄虚作假，骗取荣誉、职务、职称、待遇或者其他利益等七种行为。**二是规范了实施和监督范围。**国有企业领导人员应当将贯彻落实本规定的情况作为民主生活会对照检查、年度述职述廉和职工代表大会民主评议的重要内容，接受监督和民主评议。按年度向履行国有资产出资人职责的机构报告兼职、投资入股、国（境）外存款和购置不动产情况，配偶、子女从业和出国（境）定居及有关情况，以及本人认为应当报告的其他事项，并以适当方式在一定范围内公开。

4.《关于进一步制止党政机关和党政干部经商、办企业的规定》

党政机关和党政干部经商、办企业，以权谋私，损公肥私，危害很大。为了坚决刹住这股不正之风，1986 年 2 月 4 日，中共中央、国务院印发了《关于进一步制止党政机关和党政干部经商、办企业的规定》，《规定》明确要求各级党委机关和国家权力机关、行政机关、审判机关、检察机关以及隶属这些机关编制序列的事业单位，其干部、职工，包括退居二线的干部，除中央书记处、国务院特殊批准的以外，一律不准在各类企业中担任职务，一律不许停薪留职去经商、办企业；其离休、退休干部，除中央书记处、国务院批准外，不得到国营企业任职，如果到非国营企业任职，必须在离休、退休满两年以后，并且不能到原任职机关管辖行业的企业中任职。领导干部的子女、配偶，在党政机关及所属编制序列的事业单位工作的，一律不得离职经商、办企业；不在党政机关及所属编制序列的事业单位工作的，不准利用领导干部的影响和关系经商、办企业，非法牟利。工会、共青团、妇联、文联、科协和各种协会、学会等群众组织的干部和职工同上述要求，这些组织如有特殊情况，需要办非商业性企业的，必须报经国务院或省、自治区、直辖市人民政府批准。

5.《关于县以上党和国家机关退（离）休干部经商办企业问题的若干规定》

机关退休（含离休）干部从事经商活动，容易助长官商不分，使有的人利用原来的工作关系和影响参与倒卖活动，损害国家和群众利益，滋生腐败现象，必须坚决制止。为了保持党政机关的清正廉洁，保证治理经济环境、整顿经济秩序和全面深化改革的顺利进行，更好地发挥老干部的表率作用，1988 年 10 月 3 日，中共中央办公厅、国务院办公厅印发了《关于县以上党和国家机关退（离）休干部经商办企业问题的若干规定》,《规定》对相关问题作出明确要求。**一是明确了“不得”的行为边界。**党和国家机关的退休干部，不得兴办商业性企业，不得到这类企业任职，不得在商品买卖中居间取酬，不得以任何形式参与倒卖生产资料和紧俏商品，不得向有关单位索要国家的物资，不得进行金融活动，不得到全民所有制企业和外商投资企业（公司）担任任何领导职务（含名誉职务）和其他管理职务，企业也不得聘请他们任职，已经任职的，必须辞去职务。**二是明确了“可以”的前提。**党和国家机关的退休干部可以应聘到非全民所有制的非商业性企业任职，但到本人原所在机关主管的行业和企业任职，必须在办理退休手续满两年以后。到这些企业任职的，要经所在机关退休干部管理部门批准，并与聘用单位签订合同。应聘到这些企业任职期间，原所在机关应即中止其享受的各项生活待遇，改由企业负责。本人在企业所得报酬数额，最高不得超过其原工资与原机关干部平均奖金之和。退休干部到企业任职，应向原机关如实呈报自己的收入。按此规定执行的，在退出企业后由原机关恢复其原生活待遇；不按此规定执行的，应取消其退休待遇，并不再恢复。从事养殖业、种植业生产，进行技术开发、咨询、服务，讲学、写作、翻译，以及从事为改善机关后勤服务而开办小卖部、洗衣房、理发室等经营服务活动的退休干部，继续按中发〔1984〕27号文件的有关规定执行，取得合理报酬，严格照章纳税，其原享受的退休待遇不变。县以上工会、妇联、共青团、文联以及各种协会、学会等群众组织的退休干部也要按照此规定执行。**三是明确了管理和监督。**党和国家机关要加强退休干部的管理工作，党组织和企业党组织，要切实负起监督的责任，对违反本规定的退休干部，其原所在机关应及时纠正；不按规定纠正的，要追究该机关主要负责人的责任。

6.《关于对党和国家机关工作人员在国内交往中收受礼品实行登记制度的规定》

党和国家机关工作人员不得收受可能影响公正执行公务的礼品馈赠，这对维护其廉洁从政，加强党风廉政建设具有重要作用。1995年4月30日，中共中央办公厅、国务院办公厅印发的《关于对党和国家机关工作人员在国内交往中收受礼品实行登记制度的规定》明确规定党的机关、人大机关、行政机关、政协机关、审判机关、检察机关中从事公务的人员和国有企业、事业单位的负责人，国家拨给经费的各社会团体中依照法律从事公务的人员在国内交往中，不得收受可能影响公正执行公务的礼品馈赠，因各种原因未能拒收的礼品，必须登记上交；除亲友之间的交往，收受的其他礼品，除价值不大的以外，均须登记。自收受礼品之日起（在外地接受礼品的，自回本单位之日起）1个月内由本人如实填写礼品登记表，并将登记表和按规定应上交的礼品一并交所在机关指定的受理登记的部门。在规定期限内不登记或不如实登记、不上交的，由所在党组织、行政部门或纪检监察机关责令其登记、上交，并给予批评教育或者党纪政纪处分。各级党组织和行政部门负责执行规定，各级纪检监察机关负责监督检查。

7.《党政主要领导干部和国有企事业单位主要领导人员经济责任审计规定》

经济责任审计是中国特色社会主义审计监督制度的重要组成部分。2019年7月7日，中共中央办公厅、国务院办公厅印发的《党政主要领导干部和国有企事业单位主要领导人员经济责任审计规定》对领导干部的审计内容、应当承担的责任和应当采取的整改措施作出了明确规定。**一是明确了领导干部的审计内容。**地方各级党委和政府主要领导干部和党政工作部门、纪检监察机关、法院、检察院、事业单位和人民团体等单位主要领导干部经济责任审计，包括贯彻执行党和国家经济方针政策情况、本地区（本部门）经济社会发展规划和政策措施的制定、执行和效果情况、财政财务管理和经济风险防范情况、在经济活动中落实有关党风廉政建设责任和遵守廉洁从政规定情况、以往审计发现问题的整改情况等七项内容；国有企业主要领导人员经济责任审计还应包括企业法人治理结构的建立、健全和运行情况、内部控制制度的制定和执行情况、企业财务的真实合法效益情况、在经济活动中落实党风廉政建设责任和廉洁从业情况、以往审计发现问题的整改情况等内容。经济责任审计可以在领导干部任职期间进行，也可以在领导干部离任后进行，以任职期间审计为主。**二是明确了领导干部要承担的责任。**领导干部要承担责任的情形包括以下几种：出现直接违反有关党内法规、法律法规、政策规定的；授意、指使、强令、纵容、包庇下属人员违反有关规定的；贯彻党和国家经济方针政策、决策部署不坚决不全面不到位的；未完成有关法律法规规章、政策措施、目标责任书等规定的；未经民主决策程序或者民主决策时在多数人不同意的情况下，直接决定、批准、组织实施重大经济事项，造成损害性后果的；不履行或者不正确履行职责，对造成的后果起决定性作用的其他行为，领导干部必须负直接责任。出现民主决策时，在多数人同意的情况下，决定、批准、组织实施重大经济事项，由于决策不当或者决策失误造成损害性后果的；违反部门、单位内部管理规定造成损害性后果的；参与相关决策和工作时，没有发表明确的反对意见，相关决策和工作违反有关党内法规、法律法规、政策规定，或者造成损害性后果的；疏于监管，未及时发现和处理所管辖范围内本级或者下一级地区（部门、单位）违反有关规定的问题，造成损害性后果的，领导干部必须负领导责任。**三是明确了应当采取的整改措施**。被审计领导干部及其所在单位根据审计结果，在规定期限内进行整改，并上报材料；对审计决定，在规定期限内执行完毕，并上报材料；根据审计发现的问题，落实有关责任人员的责任，采取相应的处理措施；根据审计建议，采取措施，健全制度，加强管理；将审计结果以及整改情况纳入所在单位领导班子党风廉政建设责任制检查考核的内容，作为领导班子民主生活会以及领导班子成员述责述廉的重要内容。

后　记

组织编写《市地执行中央党内法规责任要点》，是云南省玉溪市党内法规研学中心筹建前和成立后中共玉溪市委党校举全校之力实施的精品工程，凝聚了集体的智慧和力量。

在本书编写过程中，自始至终得到了中央办公厅法规局领导同志的支持和指导，云南省委领导同志听取专题汇报，对编写工作提出了具体指示要求。市委领导同志对本书的编写非常重视，主持召开专题调研座谈会、市委常委会会议，对编写工作作出具体安排部署，审阅了本书的编写方案、编写提纲和全部内容，并就有关内容的修改和完善提出了具体指导意见。

本书编写工作是在中共玉溪市委的直接领导下进行的。市委书记王力同志提出全书的总体思路和编写要求，修改审定编写提纲、书本版式和全部书稿。中央办公厅法规局在玉溪挂职的时任市委常委、副市长，现任市委常委、市委宣传部部长梁栋同志具体负责组织书稿写作，主持提纲拟定、书稿研讨、集中统稿等工作。市委副书记、市委党校校长江华同志，市委常委、市委组织部部长、玉溪市党内法规研学中心主任景绚同志，市委常委、市委秘书长、玉溪市党内法规研学中心主任王志新同志，专门听取市委党校校委会关于本书编写工作的进展情况，并作出具体要求。市委党校校委会将本书的编写列为推进教学创新和科研创新的重要课题，多次召开会议研究，抽调精兵强将梳理编写。

参加本书编写的有：李安亮、刘杰、马淑艳、许亚萍、魏芸、张冬、王双金、顾英楷。李安亮同志负责公开发布且有效执行的中央党内法规目录的汇编、校对工作；刘杰同志负责起草执行中央党内法规职责清单梳理思路和示例并负责汇编地方党委执行的中央党内法规板块的责任要点；马淑艳同志负责起草梳理执行党内法规分级分类职责清单的工作方案并负责汇编党组（党委）执行的中央党内法规板块的责任要点；许亚萍同志负责汇编党的工作机关执行的中央党内法规板块的责任要点；魏芸同志负责汇编党的基层组织执行的中央党内法规板块的责任要点；张冬同志负责汇编党的纪律检查机关执行的中央党内法规板块的责任要点；王双金同志负责汇编领导干部执行的中央党内法规板块的责任要点；顾英楷同志负责汇编各级党组织和全体党员普遍执行的中央党内法规和党政机关执行的中央党内法规两个板块的责任要点。

参加本书统稿工作的有：梁栋、李文平、李卫东、宋红瑛、李安亮、刘杰、许亚萍、王双金。

本书在编写过程中，广泛征求了县区和市直机关有关单位的负责同志和党内法规研究方面的部分专家学者的意见建议。

市委办、市委组织部、市委宣传部为本书编写提供了有力指导和帮助。

按照推进党内法规进课堂的要求，本书在2020年秋季学期在玉溪市委党校内部使用后，吸收了玉溪市第十七期青年干部培训班部分学员和授课教师提出的宝贵意见和建议，并作了进一步的修改完善。

党内法规体系作为中国特色社会主义法治体系的重要组成部分，内涵丰富，意义深远，需要持续推进实践探索和理论创新。书临付梓，本书编写虽然从各方面付出了很大努力，但因编写工作任务重、难度大、要求高，限于编者水平能力，部分要点的梳理还有不够精当的地方，难免存在疏漏和不足，恳请广大读者提出宝贵意见、建议，以便进一步修改完善。

本书编写组

2021年5月

图书在版编目（CIP）数据

市地执行中央党内法规责任要点 / 云南省玉溪市党内法规研学中心编著.
—北京：中国法制出版社，2021.6
ISBN 978-7-5216-1948-5

Ⅰ.①市…　Ⅱ.①云…　Ⅲ.①中国共产党—党的纪律—学习参考资料
Ⅳ.①D262.6

中国版本图书馆 CIP 数据核字（2021）第 111720 号

责任编辑：李宏伟　　封面设计：杨鑫宇

市地执行中央党内法规责任要点

SHIDI ZHIXING ZHONGYANG DANGNEI FAGUI ZEREN YAODIAN

著者 / 云南省玉溪市党内法规研学中心

经销 / 新华书店

印刷 / 三河市紫恒印装有限公司

开本 / 710 毫米 ×1000 毫米　16 开　　印张 / 12.75　字数 / 182 千

版次 / 2021 年 6 月第 1 版　　2021 年 6 月第 1 次印刷

中国法制出版社出版

书号 ISBN 978-7-5216-1948-5　　定价：45.00 元

北京西单横二条 2 号　邮政编码 100031　　传真：010-66031119

网址：http://www.zgfzs.com　　**编辑部电话：010-66054900**

市场营销部电话：010-66033393　　**邮购部电话：010-66033288**

（如有印装质量问题，请与本社印务部联系调换。电话：010-66032926）